5 Torre de Portinatx
Punta Moscarte
Cindad Mar
Portinatx
Cap Blanc
Cala Xarraca
Cala de Serra
Illes Formigues
El Escullet
Punta d'es Jonc
Atalaya de San Juan
382
Sant Vicent
Punta Grossa
Sant Joan de Labritja
Cala Sant Vicent
Cala Sant Vicent
Serra Sa Rota
Serra de Sant Vicens
Furnás
409
Es Figueral
Balafi
Sant Carles de Peralta
Punta d'en Valls
Isla de Tagomago
6
Las Dalias
Cala Negra
Sant Llorenç de Balafia
Cap Roig
Cala Llenya
Cala Llenya
Cala Nova
Atalaya de San Lorenzo
277
Es Canar
Ca'n Sansó
Punta Arabí
Punta Arabí
Can Bernat
Santa Eulària
Siesta
Platja de Santa Eulària
Cala Llonga
Cala Llonga
Ca'n Furnet
Can Ramon
Cap Llibrell
Punta Foradada
Talamanca
Cala Talamanca
Cala Roja
Punta Grossa
MITTELMEER

9 Platja de ses Illetes
Formentera
Punta Pedrera
La Savina
Estany Pudent
Punta Prima
10
San ferran des ses Roques
Sant Francesc Xavier
Cala Saona
Ensenada
Punta Rosa
Punta de sa Creu
de Tramontana
Es Ca Mari
Platja de Migjorn
El Pilar de la Mola
Talaiassa
192
Punta Águilla
Punta des Far
Ensenada de Mitjorn o Mediodia
Cala Codolá
S'Estufador
Punta Rotja
Cabo de Barbaría 8

IBIZA FORMENTERA

DER AUTOR

Ralf Johnen ist gelernter Tageszeitungsjournalist. Heute hat er sein Tätigkeitsspektrum auf das Schreiben von Büchern und seinen Blog www.boardingcompleted.me erweitert. Ibiza hält er für einen der spannendsten Orte des Kontinents: Die Natur des Baleareneilands ist völlig unterschätzt und vor allem in der Nebensaison hinreißend. Formentera überrascht derweil mit weitläufigen Stränden und einer Wasserfarbe, die an die Karibik erinnert. Gemeinsam bilden die Inseln ein attraktives Urlaubsziel mit hohem Glamourfaktor.

www.vistapoint.de

Top 10 & Willkommen

⑩ **Top 10:** Übersichtskarte . . . . vordere innere Umschlagklappe
⑩ **Top 10:** Das müssen Sie gesehen haben . . . . hintere Umschlagklappe

Willkommen auf Ibiza und Formentera 4

Chronik

Daten zur Geschichte 6

Stadttour Eivissa mit Detailkarte

Ein Rundgang durch die historische Altstadt 10
Service-Informationen Eivissa 16

Vista Points – Sehenswertes

Reiseregionen, Orte und Sehenswürdigkeiten

IBIZA
Der Süden 24
Sant Antoni und der Westen 29
Der Norden 43
Der Südosten und die Inselmitte 55

FORMENTERA 65

Service von A bis Z

Ibiza und Formentera in Zahlen und Fakten 76
Anreise, Einreise 76
Auskunft 76
Automiete, Autofahren 77
Diplomatische Vertretungen 78
Einkaufen 78
Essen und Trinken 78
Feiertage, Feste, Veranstaltungen 79
Geld, Kreditkarten 80
Hinweise für Menschen mit Handicap 80
Internet 80
Klima, Kleidung, Reisezeit 80
Medizinische Versorgung 81
Mit Kindern auf Ibiza und Formentera 81
Nachtleben 82
Notfälle, wichtige Rufnummern 82
Öffnungszeiten 82

Post, Briefmarken 82
Presse 82
Rauchen 82
Sicherheit 82
Sport und Erholung 82
Strom 84
Telefonieren 84
Trinkgeld 84
Unterkunft 84
Verkehrsmittel 85
Zeitzone 85
Zoll 85

Sprachführer

Die wichtigsten Wörter für unterwegs 86

Extras – Zusatzinformationen

UNESCO-Welterbe 13
Pacha: Die Mutter aller Clubs 21
Die Salinen als Wirtschaftsfaktor 28
Die Insel der Schönen und Reichen 32
Sant Antoni – Die Hauptstadt der Engländer 38
Sonica FM: Der Ibiza-Sound 40
Balearen? Katalonien? Spanien? Die permanente Identitätsfrage 49
Die Wehrkirchen Ibizas 50
Weiß und kubisch: Die Ibiza-Architektur 53
Die Hippies und ihre Märkte 57
Wasser: Ein kostbares Gut 61
Kostbarer Schatz auf dem Meeresboden: Die Posidonia 66
Wein aus Formentera und Ibiza 73
Adressangaben 78

Register 92
Bildnachweis und Impressum 96

Zeichenerklärung

Top 10
Das müssen Sie gesehen haben, s. vordere innere und hintere Umschlagklappe.

Vista Point
Reiseregionen, Orte und Sehenswürdigkeiten

Symbole
Verwendete Symbole s. hintere innere Umschlagklappe.

Kartensymbol: Verweist auf das entsprechende Planquadrat der ausfaltbaren Karte bzw. der Detailpläne im Buch.

Willkommen auf Ibiza und Formentera

Die Insel der Schönen und Reichen. Hippie-Hochburg. Unwiderstehliches Pauschalreiseziel. Und natürlich die ultimative Party-Destination. Mit Schlagwörtern dieser Art ist es der Tourismusindustrie in der jüngeren Vergangenheit gelungen, Ibiza permanent im Gespräch zu halten. Und natürlich ist an all den Begriffen etwas Wahres dran. Gleichzeitig aber greifen alle Versuche einer Kategorisierung viel zu kurz, denn die Baleareninsel ist ganz nebenbei auch heute noch ein Sehnsuchtsziel. Wer das Eiland auf eigene Faust erkundet, kann sich der Magie kaum entziehen. Auch in der Gegenwart scheinen viele Ecken der Insel noch weitgehend unberührt – vor allem in der Nebensaison, wenn das Erholungspotenzial am größten ist.

Von März bis Mai etwa lädt der Nordosten zu herrlichen Wanderungen. Die rote Erde der Insel, die mit Olivenbäumen bewachsen ist, der Duft nach Rosmarin, den Frühlingsblumen und dem Salz des Meeres, das intensive Blau des Himmels, die überraschend hügeligen Landschaften, die oft in Form ruppiger Klippen ins Meer abfallen, dazu die changierenden Farbtöne des Wassers, all dies ist ein Fest für die Sinne. Sogar im Hochsommer lassen sich mit ein wenig Anstrengung im

Norden und Osten der Insel noch Badebuchten finden, die ein wenig an die Abgeschiedenheit erinnern, in der sich das Eiland bis weit ins 20. Jahrhundert befunden hat.

Die Entwicklung des Tourismus bringt natürlich keineswegs nur Nachteile mit sich. So sind die kulinarischen Angebote auf Ibiza besser denn je zuvor. Von der einfachen Inselküche bis zum angeblich teuersten Restaurant der Welt ist die Auswahl enorm. Ähnlich breit gefächert sind die Auswahlmöglichkeiten bei den Unterkünften, wobei vor allem die sogenannten Agroturismos herrlich sind: umgebaute Fincas, die oft fernab von der Zivilisation hohen Komfort bieten. Zu guter Letzt bliebe da die herrliche Inselhauptstadt. Weit über 2000 Jahre alt und spektakulär auf einem Hügel gelegen, besitzt Eivissa alle Vorzüge einer mediterranen Stadt.

Als wäre das noch nicht genug, ist die Nachbarinsel mit der Fähre schnell erreichbar. Dabei hebt sich Formentera mit seinen langen Stränden, einer Wasserfarbe, die an die Karibik erinnert, charmanten Ortschaften wie Sant Francesc und einer sehenswerten Steilküste derart von Ibiza ab, dass man dort ohne Weiteres einen gesonderten Urlaub verbringen kann. Weil zudem das Wetter verlässlich gut ist, darf es nicht überraschen, dass die Pityusen (wie beide Inseln gemeinsam genannt werden) beliebter sind als je zuvor. Genießen Sie es!

Platja de Comte im Westen von Ibiza

Daten zur Geschichte

Ab 2000 v. Chr. Erste Spuren einer Zivilisation auf dem heutigen Ibiza reichen weit zurück in die Geschichte. Schon vor rund 4000 Jahren haben sich iberische Hirtenvölker auf dem Eiland niedergelassen. Zu ihren Hinterlassenschaften gehören unter anderem die Höhlenmalereien in Ses Fontanelles bei Sant Antoni. Etwa zeitgleich ist auch die Nachbarinsel Formentera bereits besiedelt.

654 v. Chr. Phönizier aus dem kathargischen Reich besiedeln die Baleareninsel. Im Südwesten des üppig mit Pinien bewachsenen Eilands gründen sie eine Siedlung, die als Ebusim bzw. Ibes überliefert ist. In der Sprache der Phönizier bedeutet *i busim* Insel des Wohlgeruchs, was wohl auf die Bewaldung und das Meer zurückzuführen ist. Die noch junge Stadt steigt in den folgenden Jahrhunderten zu einem bedeutenden Handelshafen auf. Wichtigstes Zeugnis der Phönizier ist die Nekropolis Puig des Molins, die heute über einen Zugang im Monografischen Museum besucht werden kann.

247 v. Chr. Der karthargische Heerführer Hannibal wird vermutlich auf der vorgelagerten Insel Sa Conillera nahe Sant Antoni geboren. Chronisten schreiben ihm die Erfindung der Steinschleuder »Els Foners Balears« zu, die den Balearen ihren Namen geben sollte. Während der phönizischen Zeit ist Formentera nicht oder nur höchst spärlich besiedelt, was möglicherweise auf das im Winter zuweilen garstige Klima zurückzuführen ist.

202 v. Chr. Die Vorherrschaft der Phönizier im Mittelmeerraum endet, als Hannibals Truppen im Zweiten Punischen Krieg den Römern unterlegen sind. Ausschlaggebend war die Schlacht von Zama im heutigen Tunesien.

123. v. Chr. Die Römer erobern die Insel und nennen die Hauptstadt Ebesus. Verantwortlicher Feldherr ist Quintus Caecilius Metellus. Er erhält den Auftrag, die immer wieder durch

Besterhaltene Anlage aus phönizisch-punischer Zeit: die Nekropole von Puig des Molins

Seeräubereien auffällig gewordenen Balearenvölker zu bändigen. Nach erfolgreicher Mission erhält er den Beinamen Balearicus. Ebesus erlangt jedoch den Status einer konföderativen Stadt, wodurch ihr autonome Freiheiten bleiben: Die Stadt muss keinen Tribut zahlen und besitzt weiterhin das Münzrecht.

Rekonstruktion einer Els Foners Balears (Steinschleuder)

70 v. Chr. Ebesus wird unter dem Namen Flavia Augusta ins Römische Reich eingegliedert. Wirtschaft und Infrastruktur wachsen. Der Hafen des heutigen Sant Antoni wird als Portus Magnus in Betrieb genommen. Als 380 das Christentum offizielle Staatsreligion wird, werden auch die Balearen christianisiert. Anders als die Phönizier erkennen die Römer auch die Vorzüge Formenteras. Sie taufen das Eiland Frumentaria (»Weizeninsel«), entdecken ergiebige Trinkwasservorräte und etablieren mehrere Siedlungen.

426 Als das Römische Reich bereits schwächelt, werden Ibiza und Formentera von Vandalen vollständig verwüstet. Erst 533/534 unternehmen die Römer einen erfolgreichen Versuch, die Vandalen wieder zu vertreiben. Danach gerät die Insel unter den Einfluss von Byzanz, dem oströmischen Reich. Die Quellenlage aus dieser Zeit ist dünn.

711 Die Mauren erobern beide Inseln. Ibiza taufen sie auf den Namen »Yabisa«, was so viel wie »die Trockene« bedeutet. In den folgenden Jahrhunderten breitet sich eine arabisch beeinflusste Kultur aus. Als Las Islas Orientales de El-Andalus gehören die Balearen fortan zum Kalifat Cordoba.

859 Wieder macht sich ein Volk in Form eines Raubzugs über die Pityusen her, wie Ibiza und Formentera heute gemeinsam genannt werden. Diesmal sind es die Wikinger, die zum Plündern kommen.

1229–35 Im Zuge der Reconquista (Rückeroberung) geraten die Pityusen wieder unter die Vorherrschaft der spanischen Krone. Zwischenzeitlich ist der Erzbischof von Tarragona Machthaber, zu diesem Zeitpunkt wird Katalanisch als offizielle Sprache eingeführt. Eine Entscheidung, die bis heute Bestand hat.

Dama de Ibiza, ein Fundstück aus Puig des Molins, heute im Nationalmuseum für Archäologie in Madrid ausgestellt

1256 Mit der Ausrufung des Königreichs Mallorca durch Jaume II. beginnt ein neues Kapitel der Geschichte, denn auch Ibiza und Formentera gehören dazu. Rund hundert Jahre danach findet die Autonomie ein Ende. Die Inseln fallen zurück an die spanische Krone.

Am Tor zur Altstadt (Dalt Vila) von Eivissa

1492 Nach der »Entdeckung« Amerikas durch Christoph Kolumbus verlieren das Mittelmeer und die Balearen an Bedeutung. Weil der Schutz durch das spanische Königshaus nachlässt, haben Piraten hier ein zunehmend leichtes Spiel. Formentera wird durch die andauernden Überfälle bis zum 17. Jahrhundert abermals entvölkert. Auf Ibiza hingegen weiß sich die Bevölkerung zu verteidigen: Zum Schutz gegen die Piraten errichten die Bewohner Wehrtürme und Wehrkirchen, die noch heute vielerorts zu sehen sind.

1556 Beginn der Bauarbeiten der neuen Stadtmauern von Dalt Vila. Auftraggeber ist Philipp II. Durch seinen Einfluss wird der katholische Glaube zu einer Art Staatsreligion, die keine Abweichler duldet.

1652 Die Pest löscht fast die Hälfte der Bevölkerung Ibizas aus.

1701–17 Im Spanischen Erbfolgekrieg schlagen sich die Balearen auf die Seite der Habsburger. Siegreich jedoch ist König Philipp V. von Kastilien, der die Balearen abstraft: Die Universität von Palma de Mallorca wird geschlossen, Kastilisch wird als Amtssprache eingeführt und die Salinen von Ibiza werden beschlagnahmt.

Finca Ibicenca: das traditionelle Landhaus von Ibiza

1830 In den zurückliegenden Jahrzehnten hat sich Ibiza zu einer Hochburg der Piraten gemausert. Das Zeitalter der Seeräuber im Mittelmeer endet erst, als die Franzosen die algerische Hauptstadt Algiers erobern.

Anfang des 20. Jh. Ibiza und Formentera profitieren von einer politischen und wirtschaftlichen Stabilität.

Ab 1930 Auf den Inseln werden erste Reisende gesichtet. Zu den Pionieren gehört auch Walter Benjamin. Der Philosoph findet eine Insel vor, die »noch ganz sie selbst ist«, ja sie »döst im sanften Schlaf jahrhundertealter Unberührtheit«. Immer noch ist die Salzgewinnung in den Salinen Ibizas die wichtigste Erwerbsquelle.

1939 Machtergreifung Francos. Der spanische Diktator verbietet die katalanische Sprache und lässt die regionale Kultur unterdrücken.

Ab 1960 Mit der Eröffnung des Flughafens hält die Moderne Einzug auf Ibiza. Der Pauschaltourismus setzt sich durch. Erst nach der Jahrtausendwende schlägt man neue Wege ein: Von nun an wird auch Wert auf Nachhaltigkeit gelegt. Wohlhabende Gäste begünstigen eine ökologischere Form des Reisens, den Agroturismo.

1999 Dalt Vila wird von der UNESCO zum Weltkulturerbe erklärt. Dazu gehört auch die kathargische Nekropolis Puig des Molins. Die Posidonia-Seegraswiesen (Neptungras) zwischen Ibiza und Formentera werden unterdessen zum Weltnaturerbe.

2013 Erst nach heftigen Protesten kann der geplante Bau einer Bohrinsel vor der Küste Ibizas abgewendet werden.

2016 In Eivissa finden im April große Razzien im Stadtteil Sa Penya statt. Besetzte Häuser werden geräumt, Waffen und Drogen beschlagnahmt.
Im Juli tritt die Erhebung einer Tourismussteuer auf den Balearen in Kraft.
Der Flughafen von Ibiza erreicht mit 1,4 Millionen Passagieren im August seine Kapazitätsgrenze.

2017 Katalonien will durch ein Referendum seine Unabhängigkeit von Spanien erreichen. Dies löst eine schwere Krise des spanischen Staates aus. Die Baleareninseln, die in gewissen Lesarten zu Katalonien gezählt werden, signalisieren zunächst keine Unterstützung des Vorhabens.

2018 Nach einem erfolgreichen Misstrauensvotum gegen Premier Mariano Rajoy kommt es im Juni zu einer neuen Minderheitsregierung unter Sozialistenchef Pedro Sánchez. ■

Geschichtstafel vor dem Hippiemarkt »Las Dalias«

Ein Rundgang durch die historische Altstadt

Vormittag
Hafen – Sa Penya – Casa Broner – S'Eixample.

Mittag
Comida Bar Jan Juan (vgl. S. 21).

Nachmittag
Dalt Vila – Museu Puget – Museu Arqueológico de Ibiza – Catedral de Santa Maria – Passeig de Vara de Rey.

Nicht zu groß, nicht zu klein. Ausgestattet mit historischen Bauten und verwinkelten Gassen. Dazu Strände, ein Hafen und ordentliche Steigungen, die für Überraschungsmomente bürgen. All dies vereint Eivissa und wird somit zu einem herrlichen Ort für einen ausgedehnten Rundgang.

Als Startpunkt drängt sich der Übergang vom **Hafenbecken** ➡ G7 zur historischen Altstadt auf. Hier legen bis heute die Fähren zur Nachbarinsel Formentera ab. Weiter nördlich beginnt nach einem unerklärlichen Stück Brache der streng moderne Teil von Eivissa. Dort befindet sich die mondäne **Marina de Botafoch** ➡ G7, wo die Yachten der Reichen und Schönen vor Anker gehen, aber auch die legendäre Disco Pacha.

Hier im Südwestwinkel des Hafens entfaltet sich hingegen ein eher alltägliches Leben: Der unlängst renovierte und dabei verkehrsberuhigte **Carrer Lluís Tur i Palau** ➡ aA3–7 ist ein würdiger Uferboulevard

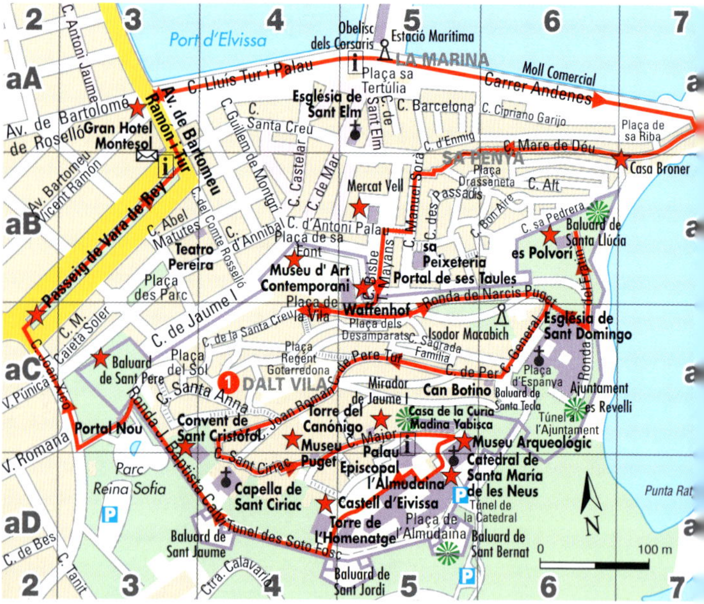

Das alte Fischerviertel Sa Penya von Eivissa

mit Cafés, Bars, Restaurants und ausreichend Platz für dazugehörige Terrassen. Im Winter kann er fast einsam anmuten. Während der Saison jedoch geht es turbulent und touristisch zu. Palmen und die weiß getünchten Stadthäuser mit den bunt umrahmten Fenstern säumen den Boulevard bis zu jener Kaimauer, die den Naturhafen vor den unterschätzten Launen des Mittelmeers schützt.

Vor dem Schutzbauwerk befindet sich ein Wendehammer mit einer Sitzgelegenheit, die zur Beobachtung von einlaufenden Schiffen oder einfach nur der Brandung einlädt. Dahinter steht auf den Klippen eine Häuserzeile, deren Bewohner das Privileg besitzen, zugleich auf das Meer und auf die mächtige Stadtmauer zu blicken. Am hintersten Haus führt eine kleine Treppe auf die Klippe. Obwohl ein Schild den Zugang zu verbieten scheint, sollten Sie dort hinaufgehen, denn es handelt sich de facto um öffentlichen Raum. Der Warnhinweis soll lediglich die vielen Pärchen davon abhalten, den romantischen Ort für sich in Beschlag zu nehmen. Die Anwohner sind eben gerne unter sich an diesem exklusiven Ort.

Einmal auf der Klippe angekommen, führt nach weniger als 100 Metern eine weitere Treppe in den Carrer de la Mare de Déu. Die Straße führt in Richtung Westen in den Stadtteil **Sa Penya** ➡ aA/aB5/6. Das unübersichtliche Geflecht von Gassen, Treppen und Traversen ist bis heute das wohl authentischste Viertel des alten Eivissa mit sehr gemischten Strukturen. Hier, hinter der zweiten Häuserzeile, befinden sich vor allem Geschäfte, Bars und Ferienwohnungen. Weiter bergauf aber konnten sich auch unschöne Überbleibsel der Vergangenheit behaupten: verfallene Häuser und dunkle Ecken, an denen zuweilen Drogenhändler auf Kundschaft warten. Kameras und allzu neugierige Blicke sind hier wenig erwünscht. Gerade bei Dunkelheit ist dies der einzige Ort auf der Insel, an dem man nicht unbedingt alleine umherstreunen sollte und an dem sogar in Gesellschaft Vorsicht geboten ist.

Der Travessio Sa Penya führt hinauf in diese Gefilde. Doch er bahnt auch den Weg zu einer Sehenswürdigkeit, der **Casa Broner** ➡ aB7. Dabei handelt es sich um das ehemalige Studio des deutschen Architekten Erwin Broner, der 1960 vorausschauend genug war, sich in dieser Premiumlage eine mittlerweile zum Museum aufgestiegene Villa zu

Geschäfte säumen die Gassen der Dalt Vila von Eivissa

errichten. Zurück im Carrer de la Mare folgen Sie links dem Verlauf bis zum Ende, um dort nach links in den Carrer de Manuel Sorà, um anschließend die nächste rechts in den Carrer d'Antoni Palau einzubiegen.

Nach wenigen Schritten öffnet sich der **Mercat Vell** ➡ aB5, der Alte Markt. In dem überschaubaren Bau bieten einheimische Händler frische Waren an. Drumherum genießen Lebenskünstler den Tag auf den Terrassen der Cafés, wobei ihr Blick unweigerlich auf die mächtige Rampe zum **Portal de ses Taules** ➡ aB5 fällt. Das 1585 fertiggestellte Stadttor gewährt Zugang zur ❶ **Dalt Vila** ➡ aC4/5, wie die zum UNESCO-Weltkulturerbe gehörende Altstadt allgemein genannt wird.

Das Portal wird meist von Feuerschluckern, Jongleuren oder ähnlichen Statisten des Gegenwartstourismus bewacht. Direkt dahinter aber wird das Leben wieder authentisch: Der Ausgang führt auf die **Plaça de Vila** ➡ aC5, wo sich in früheren Jahrhunderten hinter dem Schutz der Mauern das öffentliche Leben abgespielt hat. Hier haben sich einige gute Restaurants niedergelassen, deren Publikum vor allem in langen Sommernächten vor mediterraner Lebensfreude sprüht.

Nach einigen Schritten führt ein Durchbruch nach rechts, wo das architektonisch auffällige Museum für moderne Kunst, das **Museu d'Art Contemporani** ➡ aB/aC5, zum Besuch bittet. Schräg gegenüber erleichtert derweil eine Treppe den Aufstieg zur Stadtmauer, die an dieser Stelle aus rätselhaften Motiven als Parkraum zweckentfremdet wird. Abermals nach rechts führt der Weg nun ebenerdig zum **Baluard de Santa Llúcia** ➡ aB6. Die wuchtige Bastion ist mit Kanonen bestückt und ein beeindruckendes Symbol für die Wehrhaftigkeit Ibizas. Auch gewährt sie einen wunderbaren Ausblick auf die Häuser der Altstadt, das Hafenbecken und die Hügelketten der Insel.

Von hier aus geht es über den Carrer General Balanzat und den Carrer de Pere Tur immer weiter bergauf, wobei es überwiegend hübsch restaurierte Stadthäuser sind, die den Weg säumen. Nur gelegentlich bieten Baulücken Platz für mediterrane Vegetation. Auch stehen in Dalt Vila immer noch die Ruinen einiger Häuser. Deren Tage aber dürften angesichts explodierender Immobilienpreise bald gezählt sein. Gelegentlich protestieren die Alteingesessenen mit Plakaten gegen die sogenannte Gentrifizierung.

UNESCO-Welterbe

Phönizische Ausgrabungsstätte Sa Caleta

Der 4. Dezember 1999 ist für Ibiza ein Datum von einschneidender Bedeutung: An diesem Tag nämlich hat die UNESCO Teile von Ibiza für seine »Biologische Vielfalt und Kultur« zum Welterbe ausgerufen. Konkret handelt es sich um die Akropolis von Eivissa (Dalt Vila), um die Neptungraswiesen im Mittelmeer zwischen Ibiza und Formentera, um die phönizische Grabungsstätte Sa Caleta sowie um die punische Totenstätte Puig des Molins. Alle vier Orte stehen seitdem unter Schutz, um sie in möglichst unveränderter Form der Nachwelt zu erhalten. Doch die Bedeutung geht weit darüber hinaus: Seit dem denkwürdigen Tag hat die Baleareninsel ein wichtiges Stück Identität hinzugewonnen. Ibiza ist seitdem nicht mehr nur ein Ziel für Sonnenanbeter, »Party People« und Clubtouristen, sondern auch eine Destination für Kulturreisende und Naturfreunde. Auch das Tourismusministerium versucht die Besucherströme seitdem verstärkt in diese Richtung zu lenken. Eine Initiative, die mit einer Zunahme des Individualtourismus belohnt wird.

Am **Convent de Sant Cristòfol** ➡ aC/aD3/4 macht die Straße abermals eine scharfe Wendung, um sich als Carrer Major weiter den Berg hinaufzuschrauben. Besucher können in dem Kloster klingeln, um von Nonnen gebackenen Kuchen und Pizza zu erwerben.

Hier oben ist die Gasse bereits so eng, dass Lieferwagen und andere breitere Autos regelmäßig Schrammen an den Fassaden der Häuser hinterlassen. Hier oben beginnt aber auch der Museumsdistrikt der Altstadt. Zunächst erscheint auf der linken Seite das **Museu Puget** ➡ aD4, das den Gemälden eines einheimischen Vater-Sohn-Paars gewidmet ist.

Ein Citroën Méhari wirbt für das Delikatessengeschäft »Can Gourmet« in der Altstadt von Eivissa

Blick von der Stadtmauer auf den ehemaligen Palast von Dalt Vila, dahinter der Turm der Kathedrale

Nur zwei Häuser weiter folgt mit dem **Torre del Canónigo** ➡ aC5 die wohl eleganteste Unterkunft der Altstadt. Kurz vor der Hügelkuppe schließlich wartet das **Museu Arqueològic** ➡ aC/aD5, das Besuchern einen schlüssigen Einblick in die lange Inselhistorie gewährt.

Nun befinden Sie sich bereits auf dem Vorplatz der **Catedral de Santa María de les Neus** ➡ aC/aD5, die aufgrund ihrer Lage und der Silhouette ihres Glockenturms das markanteste Bauwerk der Insel ist. Der Sakralbau stammt in seiner heutigen Form aus dem 18. Jahrhundert, lediglich der Turm ist ein Überbleibsel einer gotischen Kirche aus dem 14. Jahrhundert. Die Aussicht vom Vorplatz gilt als die beste des Eilands.

Oben auf dem Hügel freilich thront auch das **Castell Almudaina** ➡ aD5. Die vom 16. bis 18. Jahrhundert errichtete Festungsanlage präsentiert sich heute mit einem mehrfarbigen Anstrich. Doch die Hochglanzfassade täuscht, denn nachdem die Burg in ihrer Verteidigungsfunktion längst überflüssig geworden ist, wurde sie ab 2007 Gegenstand einer Farce: In dem repräsentativen Bauwerk sollte ein Parador entstehen, ein vom spanischen Staat geführtes Luxushotel. Doch der komplizierte Umbau hat derart tiefe Löcher ins Budget geschlagen, dass die Bauarbeiten seit 2011 ruhen. Auch wenn die Regierung in Madrid hinreichende Gelder freigibt (was bei Redaktionsschluss noch nicht definitiv feststand), ist nicht mit einer Eröffnung vor 2020 zu rechnen.

Dies allerdings spricht nicht gegen eine weitere Erkundung des Terrains. An der Ostflanke der Burg führt ein Durchbruch in der Stadtmauer zum **Túnel des Soto Fosc** ➡ aD3/4, der einen geschützten Abstieg zurück in die untere Altstadt ermöglicht. Wer dort hinuntergeht, kann sich ein gutes Bild vom Alltag der Stadtbewohner vergangener Jahrhunderte machen.

Noch spannender aber ist die Fortsetzung des Spaziergangs über die Stadtmauer zum **Baluard de Sant Pere** ➡ aC3, wo ein weiteres Stadttor (Portal Nou) den Weg in die Neustadt ebnet. Im Regelfall ist währenddessen der Umriss der Nachbarinsel Formentera zu erkennen. Auch fällt der Blick auf die Platja d'en Bossa, eine der Keimzellen der örtlichen Club-Kultur. Sorgten Etablissements wie das Bora Bora lange Zeit für einen zweifelhaften Ruf, so hat der längste Stadtstrand mittlerweile einen Wandel durchgemacht: Die noch relativ neuen Bauten des Hard Rock Hotel und des benachbarten Ushuaïa stehen für eine hochpreisige, wenn auch kaum leisere Variante des ibizenkischen Lebensgefühls.

Ist das Stadttor einmal erreicht, zeigt sich Eivissa plötzlich von einer ganz anderen Seite: Nur 150 Meter weiter breitet sich der großzügig angelegte **Passeig de Vara de Rey** ➧ aC2/aB3 aus. Er gehört zum Stadtteil S'Eixample. Hinter dem Begriff verbirgt sich ebenso wie beim großen Vorbild Barcelona die Neustadt. Und so wundert es nicht, dass der Platz von schicken Bürgerhäusern flankiert wird, die stilistisch an den Modernisme, den katalanischen Jugendstil erinnern. Auf dem Platz selbst spenden Platanen den im Sommer dringend benötigten Schatten, so dass auf den Terrassen der Konsum von Kaffee und Kuchen Freude bereitet.

Portal Nou: einer der Zugänge zur Altstadt

Das gegenüberliegende Ende des Passeig de Vara de Rey befindet sich nur noch einen Steinwurf vom Ausgangspunkt des Spaziergangs entfernt. An der Straßenecke allerdings buhlt zunächst noch das **Gran Hotel Montesol** ➧ aA3 mit seiner zitronengelben Fassade um Aufmerksamkeit. Das Haus war 1933 das erste Hotel auf der Insel – und genau den Charme einer gründerzeitlichen Modernität verbreitet es nach seiner Renovierung auch heute wieder. Künstler, Intellektuelle und Lebenskünstler pflegten hier und im gegenüberliegenden Café Mar y Sol ein- und auszugehen. Mit Blick auf jene Ecke des Hafenbeckens, an dem dieser Spaziergang begonnen hat.

Das Gran Hotel Montesol ist das erste auf Ibiza eröffnete Hotel

Service-Informationen Eivissa

Oficina de Información Turística ➡ aB3
Paseo de Vara de Rey 1
07800 Eivissa
✆ 971 30 19 00
www.ibiza.travel

Parken
Wie in jeder historisch gewachsenen Stadt, ist der Parkraum auch in Eivissa sehr limitiert. In Dalt Vila sind ohnehin nur die Autos der Anwohner zugelassen. In der Nähe des Hafens sind einige bewachte Parkplätze vorhanden. Wer seinen Wagen kostenlos und stressfrei abstellen möchte, kann die **Marina Botafoch** ➡ G7 auf der anderen Seite des Hafenbeckens wählen, wo eine große Anzahl von Parkplätzen zur Verfügung steht. Ein Spaziergang hinüber ist in 15 Minuten zu schaffen. Vor dem Hotel Corso fährt alternativ alle 20 Minuten ein Boot ab, das Passagiere auf die Stadtseite bringt.

Museu Arqueológic (MAEF)
➡ aC/aD5
Plaça de la Catedral, Eivissa
✆ 971 30 17 71
www.maef.es
April–Sept. Di–Sa 10–14 und 18–21, So 10–14, sonst Di–Sa 9.30–15, So 10–14 Uhr
Eintritt € 2,40
Auf der Hügelkuppe von Dalt Vila direkt neben der Kathedrale bietet dieses überschaubare Museum einen interessanten Einblick in die Historie der Pityusen. Zur Ausstellung gehören Grabungsfunde aus den Nekropolen der Phönizier und anderen vorchristlichen Siedlungen. Das Gebäude selbst stammt aus dem 12. Jh. Durch neue Panoramafenster fällt der Blick auf Altstadt und Hafen.

Museu d'Art Contemporani d'Eivissa (MACE) ➡ aB/aC5
Ronda Narcís Puget, Eivissa
✆ 971 30 27 23
www.mace.eivissa.es
April–Sept. Di–Sa 10–14 und 18–21, So 10–14, sonst Di–Sa 9.30–15, So 10–14 Uhr
Eintritt frei
Die noch junge Museumslandschaft Ibizas befindet sich im Aufwind. Bestes Beispiel ist dieses Ausstellungshaus, das sich in einer sehenswerten Symbiose aus Alt- und Neubau direkt neben der

Die Altstadt von Eivissa ist bis heute von Festungsmauern umgeben; darunter: der Stadtteil Sa Penya

Eingang des Museu d'Art Contemporani d'Eivissa (MACE)

Bastion befindet. Die permanente Sammlung hat sich vor allem der heimischen Kunst seit den 1960er Jahren verschrieben, sie wird durch Wechselausstellungen ergänzt.

Museu Puget ➡ aD4
Carrer Major 18, Eivissa
✆ 917 39 31 37
www.mace.eivissa.es
April–Sept. Di–Sa 10–14 und 18–21, So 10–14, sonst Di–Sa 9.30–15, So 10–14 Uhr
Eintritt frei
Dieses in einem schönen Stadtpalais untergebrachte Museum ist Vater und Sohn Narcís Puget gewidmet. Der ältere Narcís Puget Riquer war deutlich talentierter – und seine durchaus gegenständlichen Aquarelle sind auch deshalb interessant, weil sie einen Blick auf das Ibiza vergangener Tage werfen.

Casa Broner ➡ aB7
Carreró de Sa Penya 15, Eivissa
✆ 971 39 92 32
www.mace.eivissa.es
Juli/Aug. tägl. außer Mo 10–14, Di–Fr auch 18–21, April–Juni, Sept. tägl. außer Mo 10–14, Di–Fr auch 17–20, sonst tägl. außer Mo 10–16.30 Uhr, Eintritt frei
1960 hat der deutsche Architekt Erwin Broner (1898–1971) in exquisiter Lage ein Juwel der Moderne vollendet. In unmittelbarer Nähe zum Hafen auf den Klippen von Sa Penya gelegen, gestattet der Bau einen wunderbaren Ausblick auf die das Meer und die historische Stadtmauer. Mit seinen betont horizontalen Linien und den hellen Farben ist das Haus zu einer Art Blaupause für die ibizenkische Luxusarchitektur späterer Jahrzehnte geworden.

Catedral de Santa María de les Neus ➡ aC/aD5
Plaça de la Catedral, Eivissa
Tägl. 10–14 und 17–20 Uhr
Dank ihrer exponierten Lage auf der Spitze des Altstadthügels ist die Kathedrale das wohl markanteste Gebäude der Insel. Schon

Wohnhaus des Architekten Erwin Broner

Einer der beliebtesten Ferienorte der Insel: Platja d'en Bossa

die Mauren hatten sich diesen Platz für ein Gotteshaus ausgesucht. Eine erste christliche Kirche geht auf das Jahr 1234 zurück, der heutige Bau hingegen stammt zu großen Teilen aus dem 18. Jh. Lediglich der gotische Turm ist ein Relikt aus dem 14. Jh. Das Interieur der Kathedrale, die der Heiligen Maria zum Schnee geweiht ist, weist auch zivilisationsgeschichtliche Spuren auf: An der dem Altar abgewendeten Seite hängen Tafeln, auf denen die ibizenkischen Namen der Opfer des Spanischen Bürgerkriegs verewigt sind.

Puig des Molins ➡ L1

Via Romana 31, Eivissa
www.maef.es
April–Sept. Di–Sa 10–14 und 18.30–21, So 10–14, sonst Di–Sa 9.30–15 Uhr
Eintritt € 2,40

Wer von der Stadtmauer in Richtung Südwesten blickt, sieht einen seltsam unbebauten Hügel. Dabei handelt es sich keineswegs um eine wertlose Brache, sondern um ein UNESCO-Weltkulturerbe. Der sogenannte Mühlenhügel (Überbleibsel der aus dem 16. Jh. stammenden Bauwerke sind auch heute noch zu sehen) war bereits ab dem 7. Jh. v. Chr. die Totenstadt der Phönizier. Die später auch von den Römern benutzte Nekropole wurde 1946 zufällig bei Bauarbeiten entdeckt. Auf 10 000 m^2 befinden sich rund 3000 Gräber, von denen Archäologen mittlerweile um die 300 freigelegt haben. Sie können am Fuße des Mühlenhügels mit Zugang durch das Museu Monogràfic teilweise besichtigt werden.

Platja d'en Bossa ➡ G6

Am Flughafen ankommen, schnell die paar Kilometer bis zu Ibizas längstem Strand überbrücken – und dann ab ins Getümmel der Billig-Discos. So ähnlich hat ein Aufenthalt an der Platja d'en Bossa bis vor wenigen Jahren fast unweigerlich ausgesehen. Zwar wird in Etablissements wie dem Bora Bora immer noch auf den Tischen getanzt. Neuerdings aber lässt sich auch der internationale Jet Set an dem einst berüchtigten Strand im Süden Eivissas blicken. Hauptgrund ist das Hard Rock Hotel, das nicht nur eine tot geglaubte Marke wiederbelebt hat, sondern es dabei auch noch schafft, Suiten für bis zu 10 000 Euro die Nacht zu vermieten.

Doch keine Sorge: Auch an preiswerten Angeboten aller Art mangelt es an der Platja nicht. Hier reihen sich Bars für Druckbetankung, Schnellrestaurants und Fachgeschäfte für Badeschlappen aneinander.

Platja de ses Figueretes ➡ G6

Die ungeschützte Südflanke von Eivissa wurde in früheren Jahrhunderten vernachlässigt. Heute ist Figueretes der urbanste Stadtstrand. Auf knapp 400 Metern Breite kann es schnell eng werden, was auch auf die Infrastruktur zurückzuführen ist, die noch mehr auf das Ibiza des Massentourismus ausgerichtet ist denn auf die Insel der Reichen und Schönen. Gut gemacht allerdings ist der verkehrsberuhigte Uferboulevard. Wer sich in den Restaurants und Bars niederlässt, kann ohne Lärmbeeinträchtigung mit Blick auf Palmen und Meer Sangria und Pizza konsumieren.

Marina de Botafoch ➡ G6

Die Nordseite des Hafenbeckens von Eivissa ist so vielseitig und widersprüchlich wie die gesamte Insel. Wer dorthin spaziert, kommt zunächst an scheinbar verwaisten Hafenanlagen vorbei. Es folgen die hermetisch abgesperrten Garagen für Luxusyachten jeder Größe. Die Marina selbst schließlich ist den Wasserfahrzeugen betuchter Besucher vorbehalten, was ein Schauspiel für sich sein kann. Die zahlungskräftige Kundschaft muss vor Ort nicht auf Extravaganzen verzichten: An der Marina gibt es einige schicke Restaurants, darunter das Heart, eine Kooperation von Starkoch Ferran Adrià und Guy Laliberté, dem Gründer des Cirque du Soleil. In unweiter Entfernung: das örtliche Kasino und der Nachtclub Pacha (vgl. S. 21).

Blickpunkt in Figueretas: Hotel Mar y Playa

Heart ➡ G6

Passeig Joan Carles, Eivissa

✆ 971 93 37 77

Der Strand von Platja de ses Figueretes ist fast 400 Meter lang

www.heartibiza.com
Okt.–Mai geschl.
Wenn in Person von Ferran Adrià der geistige Vater der Molekularküche und mit Guy Laliberté der Gründer des Cirque du Soleil sich für ein Projekt zusammentun, kann dabei nur ein Show-Restaurant mit hohem Unterhaltungswert und noch höheren Preisen herauskommen. Der Gaumen dankt es. €€€€

Sublimotion ➡ G6
Im Hard Rock Hotel, Platja d'en Bossa, Carretera Playa d'en Bossa s/n, Eivissa
✆ 618 89 13 58
www.sublimotionibiza.com
Wer den Ehrgeiz besitzt, an einem Abend einen kompletten Monatslohn zu verjubeln, hat hier gute Chancen: Das von Chefkoch Paco Roncero geführte Sublimotion ist nach eigenen Angaben das teuerste Restaurant der Welt – das alle fünf Sinne stimulierende Menü kommt auf 1500 € pro Person. €€€€

La Oliva ➡ aC4
Carrer la Santa Creu 2, Eivissa
✆ 971 30 57 52
www.laolivaibiza.com
April–Okt. tägl. ab 18.30 Uhr
Sympathisches Lokal in Dalt Vila, wo heimische Rezepturen und Zutaten mit Einflüssen vor allem aus Asien gepaart werden. Im Sommer ist das vor allem unter freiem Himmel ein Genuss.
€€€

S'Escalinata ➡ aC3
Carrer Portal Nou 10, Eivissa
✆ 971 30 61 93
www.sescalinata.es
Tägl. 10.30–3 Uhr
Sandwiches und Salate mit Humus, Guacamole und anderen modernen Superfood-Zutaten, die zu allen Uhrzeiten schmecken. In einem Viertel von Dalt Vila mit wenig gastronomischer Konkurrenz kann sich das Lokal auch auf den vorgelagerten Treppen ausbreiten, wo überdimensionale Kissen zum Verbleib einladen.
€€

Auf ein Glas Cava auf den Treppen von S'Escalinata in Eivissa

Pacha: Die Mutter aller Clubs

Das Logo mit den Zwei Kirschen steht heute für eine weithin bekannte Marke, die über Franchise-Ableger in vielen Ländern verfügt. Erste Gehversuche hat Gründer Ricardo Urgell in Sitges bei Barcelona gemacht. Doch erst als er 1973 auf Ibiza eine Finca zu einer Diskothek umfunktioniert hat, wurde das Pacha von einem größeren Publikum wahrgenommen. In den folgenden Jahrzehnten nahmen Einfluss und Größe des Clubs dank ekstatischer Partys, prominentem Publikum und namhafter DJs immer weiter zu. Das Pacha wurde zum Vorläufer für die Clubkultur, die sich vor allem seit den 1980er Jahren immer weiter auf der Insel ausgebreitet hat. Heute können sich im Neubauviertel von Eivissa bis zu 3000 Personen gleichzeitig hier verdingen. Auch wenn nicht immer alle Räume offenstehen, so ist es doch der einzige Club der Insel, der keine Winterpause macht. Lizenzierte Zweigstellen wurden unter anderem in München, New York, Sydney und Dubai eröffnet. Erst 2017 hat Urgell sein Imperium verkauft – für 350 Millionen Euro.

Auf großen Tafeln präsentieren die Clubs ihre Star-DJs

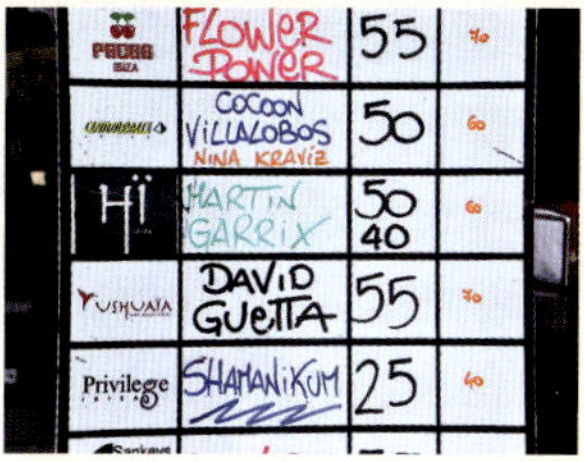

Pacha ➡ G6
Avinguda 8 d'Agost
Eivissa
✆ 608 54 48 42
www.pachaibiza.com

Comida Bar San Juan ➡ aB4
Carrer de Guillem de Montgrí 8
Eivissa
✆ 971 31 16 03
Tägl. außer So 13–15.30 und 20.30–23 Uhr
Es gibt sie noch, die Lokale mit authentischer Küche und niedrigen Preisen. Dieses hier ist so beliebt, dass die Menschen selbst an einem Mittag in der Nebensaison bis auf die Straße stehen. Spezialität sind Reisgerichte und Fisch. €–€€

El Zaguán ➡ aA2
Avinguda Bartomeu de Roselló 15
Eivissa
✆ 971 19 28 82
www.elzaguan.es
Tägl. 12.30–0.30, im Winter bis 23.30 Uhr
Das in der Neustadt gelegene Restaurant ist vor allem bei Einheimischen angesagt. Hier werden in rustikalem Ambiente kleine Kanapees und andere Snacks serviert, die in Katalonien als *Montaditos* und im Baskenland als *Pintxos* bekannt sind. Dazu fließt reichlich Bier. €–€€

Café Mar y Sol ➡ G6
Passeig Maritim, Eivissa
✆ 971 31 28 26
Tägl. 7.30–23 Uhr
Am Übergang von Hafenbecken zur Neustadt gelegen, ist dieses Café seit Generationen ein beliebter Platz zur Beobachtung von Leuten. Es heißt, dass sich hier die Intellektuellen treffen.

Ebusus ➡ aB3
Passeig Vara del Rey 20, Eivissa
✆ 971 19 26 82
Tägl. 8–24 Uhr
Das moderne Café in guter Lage ist unspektakulär. Aber der Kaffee

Eivissa bietet eine großartige Auswahl an Restaurants und Cafés

und der frisch gepresste Orangensaft sind gut und preiswert, draußen ist die Aussicht auf die Flaneure ungestört. Keine schlechten Voraussetzungen für einen langen Vormittag mit oder ohne Buch.

Bora Bora ➡ G6
Platja d'en Bossa, Sant Josep
✆ 971 30 39 86
www.boraboraibiza.net
Preiswerte Drinks und billige Techno-Beats haben dieses Lokal zu einer Institution für das eher anspruchslose Partyvolk gemacht. Wer es mit Humor nimmt, kann dennoch seinen Spaß haben – vor allem am Nachmittag, wenn es noch recht leer ist.

Ushuaïa ➡ G6
Platja d'en Bossa 10
Sant Jordi de ses Salines
✆ 971 31 28 01
www.ushuaiaibiza.com
Strand, Pool und Party. Dazu fetter Sound, Lichtinstallationen, auf kleinen Podesten agierende Tänzerinnen und Gastspiele der internationalen DJ-Elite. Mit dieser Formel hat es das Anwesen (auch ein Luxushotel und diverse Nobelrestaurants gehören dazu) in die Spitzengruppe der Clubs geschafft. Unverzichtbar zum Sehen und gesehen werden.

Casino de Ibiza ➡ G6
Paseo Juan Carlos I. 17
Eivissa
✆ 971 31 33 12
www.casinoibiza.com
Di–Do 20–4, Fra/Sa 20–5 Uhr
Wer Lust hat auf Roulette, Blackjack und Poker, ist hier richtig.

Aniseta ➡ nördl. aA3
Avinguda Santa Eulària 21
Eivissa
✆ 971 31 87 69
www.licoresaniseta.com
April–Sept. tägl. 10–23 Uhr, im Winter kürzer
Eine gute Adresse für Hierbas (den Insellikör), einheimische Weine und andere lokale Produkte.

Boutique Amanecer ➡ aA5
Plaça de la Tertulia, Eivissa
✆ 971 31 73 71
Tägl. 10–20 Uhr
Ibiza-Fashion für endlose Sommer: schneeweiße Tops mit dis-

kreten Ornamenten für die Dame, weißes Hemd ohne Kragen für den Herrn. Dazu ein ansprechend rustikales Ambiente.

Mercat Nou ➨ westl. aB1
Carrer d'Extremadura, Eivissa
www.esmercatnou.com
Tägl. außer So 7–15 Uhr
Die moderne Markthalle befindet sich ein wenig außerhalb der Touristenzone und wird daher vor allem von Einheimischen genutzt, die sich mit frischem Obst, Gemüse, Fleisch und Fisch eindecken.

Aguamar Wasserrutschenpark ➨ G6
Platja d'en Bossa, Eivissa
✆ 971 39 57 82
Mai–Okt. 10–18 Uhr
Eintritt € 18/10
Diverse Rutschbahnen mit hohem Spaßfaktor für Jung und Alt. Kritische Besucher halten die Anlage für veraltet und überfüllt, was auch an der publikumsträchtigen Lage im Hinterland der Platja d'en Bossa liegen dürfte.

Eivissa Medieval ➨ G6
2. Maiwochenende (Do–So)
Großes Spektakel in Dalt Vila, das aufgrund der authentischen Kulisse deutlich mehr Spaß bereitet, als die meisten anderen Huldigungen des Mittelalters.

Kulinarische Vielfalt auf dem Mittelalter-Fest im Mai in Eivissa

Ibiza Gay Pride ➨ G6
2./3. Juniwoche
Parade in Eivissa.

Eivissa Jazz-Festival ➨ aB5
2. Septemberwochenende
Konzerte auf dem Mercat Vell (Alter Markt).

Bier-Festival
3. Septemberwochenende
Großes Fest mit 150 Biersorten aus aller Welt – auch aus Ibiza. ■

Viele Boutiquen auf Ibiza führen die sogenannte Adlib-Mode, weiße, weite Kleidung, die ihren Urspung in den 1970er Jahren hat

Reiseregionen, Orte und Sehenswürdigkeiten

Der Süden

Der Südzipfel der Insel reicht von der Stadtgrenze Eivissas bis zur Landzunge Punta des Jondal. Das Areal ist klein und wird von Ibizas beiden prägenden Wirtschaftsfaktoren der Vergangenheit und Gegenwart bestimmt: den Salinen und dem Flughafen. Dennoch gibt es hier einige Orte, Strände und Sehenswürdigkeiten zu entdecken, die man sich nicht entgehen lassen sollte.

Die Vista Points sind in allen Regionen alphabetisch sortiert.

Platja d'es Cavallet ➡ H/J6
Wer die Ostküste des Landzipfels sehen möchte, muss ein wenig aufpassen, denn zwischen Straße und Salinenbecken gibt es kaum eine erkennbare Abgrenzung. Auch kann es schwierig sein, hier außerhalb der gastronomischen Betriebe einen Parkplatz zu ergattern. Der Strand von Es Cavallet ist dennoch beliebt, weil er recht weitläufig und von kleinen Dünen gesäumt ist. Die Wellen werden an der offenen Flanke je nach Windrichtung recht hoch. Nicht selten werden dann auch Algen angespült.

Traumhafte Aussicht vom Restaurant »La Escollera«

La Escollera ➡ J6
Platja d'es Cavallet
Sant Jordi de ses Salines
✆ 971 39 65 72
www.laescolleraibiza.com
Tägl. ab mittags
Ungemein populäres Restaurant mit Blick aufs Meer und die Silhouette Formenteras. Auf den Teller kommen spanische und mediterrane Gerichte, doch auch vor asiatischen Einflüssen hat die Küche keine Angst. €€€

Platja de ses Salines ➡ J6
Wer sich auf die Suche nach dem schönsten Strand der Insel macht, kommt an der knapp drei Kilometer breiten Platja de ses Salines nicht vorbei. Im Norden ist er mit ausreichenden Sand gesegnet, weiter südlich nimmt der Felsenanteil zu. Der Strand ist dank des großen Parkplatzes gut erreichbar und dazu großzügig mit Strandbars und Beach Clubs bestückt. Am schönsten aber ist vielleicht der Zipfel ganz im Süden: Hier führen Pfade durch dichte Wälder, in denen es herrlich nach Pinien, Rosmarin und Wacholder duftet.

Experimental Beach ➡ H5
Platja d'es Codolar
Ses Salines
✆ 664 33 12 69
www.eccbeach.com

Einer der schönsten Strände der Insel: Platja de ses Salines

Mitte April–Okt.
Exklusives Restaurant, das sich nördlich der Platja de ses Salines zwischen dem bewaldeten Hügel und den Salinen am Platja d'es Codolar befindet. Die Schickeria kommt hierhin, um gegrillten Fisch und kunstvolle Cocktails zu konsumieren. Luxuriöse Strandliegen verleihen dem Tag zusätzlichen Glanz. Die Anfahrt führt zum Teil durch die Salinen, vor Ort ist ein näherer Blick auf die Salzfelder möglich.
€€€€

Jockey Club ➡ J6
Platja de ses Salines
Chiringuito N 3, Sant Josep
✆ 971 39 57 88
www.jockeyclubibiza.com
Mitte April–Okt.
Gehobene Beach Bar, in der die DJs House auflegen und die Barmixer sich auch auf die Kunst der Herstellung von alkoholfreien Smoothies verstehen. Die Küche steuert zum Gelingen des Tages kunstvoll angerichtete Fischgerichte bei. €€€

Can Salinas ➡ H6
Carretera de Salinas, km 3,7
✆ 971 39 65 63
www.elreydelafideua.com
April–Sept. Do–Di 13–16, Mitte Juni–Mitte Sept. 13.30–23 Uhr
Einheimische lieben das Restaurant für die Fideua, eine Paella-Variation auf Nudelbasis, die Eigentümer Manel perfektioniert hat. Das Lokal befindet sich in einem kleinen Bauernhaus bei den Salinen. Hübscher Garten.
€€–€€€

»La Escollera« ist berühmt für seine Paellas

Der Strand Sa Caleta wird von Meer und roten Klippen eingerahmt

Sa Caleta ➡ H5
Der Name Sa Caleta führt zuweilen zu Missverständnissen. Hier im Inselsüden ist damit sowohl eine Landzunge gemeint, auf der die Reste einer Phöniziersiedlung ruhen. Östlich davon befindet sich eine winzige hufeisenförmige Bucht, die fast vollständig von Fischerbaracken beansprucht wird. Westlich hingegen lockt das gleichnamige Restaurant, das ebenfalls zu einer Bucht geleitet, die ein wenig breiter ist. Sie ist auch unter dem Namen El Bol Nou bekannt, mit kristallklarem Wasser gesegnet und sie wird von roten Felsen eingerahmt, was ihrem Anblick vor allem bei untergehender Sonne etwas Dramatisches verleiht. Ein kleiner Störfaktor ist die nahe Einflugschneise des Flughafens.

Restaurante Sa Caleta ➡ H5
Platja d'es Bol Nou, Sa Caleta
✆ 971 18 70 95
www.restaurantesacaleta.com
Tägl. 13–1 Uhr
An mit Stoffservietten eingedeckten Tischen lässt man es sich hier gut gehen. Spezialitäten sind die Fischgerichte und die Reisspeisen. Im Zweifelsfall mundet auch einfach ein Gläschen Wein. €€€

Sant Francesc de s'Estany ➡ J6
Die einzige geschlossene Ortschaft südlich des Flughafens fällt schon aus der Ferne wegen der flimmernden Salzfelder auf, denen Sant Francesc gegenüberliegt. Die meisten Autofahrer ignorieren das Dorf auf dem Weg von Eivissa zu einem der Strände. Aber die kleine Pfarrkirche verdient einen Zwischenstopp – vor allem, da sich hier ein kleines Besucherzentrum befindet, das den Salinen gewidmet ist.

Centro de Interpretación Ses Salines ➡ J6
PM 802 Sant Francesc
Sant Jordi de ses Salines
✆ 971 17 76 88, Mi–Fr 10–14 und 18–21, Sa/So 10–14 Uhr (im Winter nur am Wochenende), Eintritt frei
Nett gemachte Ausstellung, die einen historischen Abriss über die Bedeutung der Salzfelder, ihre Erschließung sowie ihre Flora und Fauna bietet. Draußen steht eine Bronzeskulptur aus dem Atelier des Bildhauers Pedro Hormigo, die dem harten Leben der Salinenarbeiter von einst gewidmet ist. Die Männer mussten ihre Ausbeute damals in Säcken auf den Schultern tragen.

San Francisco Bar ➡ J6
Carreterra a Salina km 2,8
Sant Jordi de ses Salines
✆ 971 94 01 74
www.sanfranciscobaribiza.com
Tägl. außer Mo 12–23 Uhr
Einfaches Lokal mit schöner Terrasse, das tagsüber vor allem Sandwiches, Wraps und Salate serviert. Am Abend gewinnen Tapas und gut gewürzte Fleischgerichte die Oberhand – die Eigentümer stammen aus Argentinien. €–€€

DC 10 ➡ J6
Carretera Salinas km 1
Sant Jordi de ses Salines
Mai–Okt. Fr–Sa 23–8 Uhr, Mo ab vormittags
In einer Einflugschneise kann ein Club kaum für zusätzliche Lärmbelästigung sorgen. Dies haben sich die Betreiber dieser Institution schon früh zunutze gemacht. Bis heute ist dieser nach einem antiken Passagierjettypen benannte Laden für seine ekstatischen Partys bekannt. Aus den Boxen nehmen Deep House oder Garage-Beats den Kampf gegen die Triebwerke auf. Legendär ist die Partyreihe Circo Loco an Montagvormittagen (!). Werbung oder eine Webseite sind Fehlanzeige, dafür kosten die Drinks im Vergleich zu anderen Großraumdiscos nur die Hälfte.

Flamingo in den Salinen

Ses Salines/Die Salinen

➡ H/J5/6

Ibizas Salinen wurden erst von den Phöniziern und später von den Römern genutzt. Sie nehmen eine Gesamtfläche von 15 400 Hektar ein und gelten bis heute als wichtiger Wirtschaftsfaktor. 2016 wurden 65 000 Tonnen Salz gewonnen, das in großem Stil zum Beispiel nach Skandinavien exportiert wird. Eine substanzielle Menge wird auch unter dem Label »Sal de Ibiza« als edles Mitbringsel angeboten. Die Salinen besitzen seit 2001 den Status eines Naturparks. Das Gebiet darf nur auf den gekennzeichneten Wegen betreten werden. Wer ein Fernglas im Gepäck hat, kann vor allem im Winter das Glück haben, Flamingos zu sehen. Insgesamt beherbergt das Areal rund 210 verschiedene Vogelspezies.

Die Salinen sind ein wichtiger Wirtschaftsfaktor auf Ibiza

Der Südzipfel der Insel wird vom Torre des Ses Portes bewacht

Wanderung zum Torre des Ses Portes ➡ J6

Vom Parkplatz des Salinenstrandes führt der Weg ohne Umwege zum Strand. Wer diesen immer weiter in Richtung Süden geht, gelangt nach etwa 6 km (30–40 Min.) zum äußersten Südzipfel der Insel. Dieser wurde wie alle anderen strategischen Orte der Insel in früheren Zeiten von einem Wehrturm bewacht, dem Torre des Ses Portes. Von hier aus ist es kaum mehr als 1 km zum Vogelreservat Es Penjats, das sich auf einer vorgelagerten Insel ausbreitet. Wer nun an die Ostküste der Landzunge zurückwandert, wird unweigerlich die Altstadt von Eivissa sehen, was vor allem in der fortgeschrittenen Dämmerung ein schöner Anblick ist. Bevor die Salinen beginnen, gilt es sich links zu halten, um den Rückweg zum Parkplatz zu finden.

Die Salinen als Wirtschaftsfaktor

Naturreine Meersalze mit uralter Tradition

Wer Ibiza heute bereist, sieht von der Armut der Vergangenheit kaum mehr etwas. Dabei waren die Bewohner der rohstoffarmen Insel über Jahrtausende hinweg von zwei Wirtschaftsfaktoren abhängig: dem Fischfang und den Salinen. Das systematische Austrocknen des Meerwassers geht bereits auf die Phönizier zurück. Sie waren es, die die Ebenen im Südzipfel der Insel zur Gewinnung der kostbaren Handelsware entdeckt haben. Salz wird hier bis in die Gegenwart nach traditioneller Methode freigesetzt. Sowohl in seiner kristallinen Struktur als auch bezüglich seiner Vermarktung ähnelt es seinem französischen Äquivalent, dem Fleur de Sel. Im Zeitalter des Massentourismus wird es mit Hinweis auf wichtige Mineralstoffe und hohe Qualität in allen erdenklichen Formen, Geschmacksrichtungen und Aggregatszuständen als Mitbringsel vermarktet. Ob es seinen Preis wert ist, darf jeder für sich entscheiden.

Sant Antoni und der Westen

Ibiza ist eine kleine Insel: Nur mit einigem Pech kann eine Autofahrt vom äußersten Westen bis in den Nordostzipfel mehr als eine Stunde dauern. Trotzdem unterscheiden sich die einzelnen Regionen erheblich voneinander. Der Westen des Eilands wird von einer gedachten Linie begrenzt, die von Sant Antoni de Portmany bis zum Flughafen reicht.

Hier an der Westküste finden Besucher viele Badebuchten, die von der Natur mit einem feierlichen Sonnenuntergang gesegnet wurden. Dabei wirken die Hänge der Hügel oft schroff und felsig. Vor der Südwestküste ragt mit der 382 Meter hohen Felseninsel Es Vedrà Ibizas populärstes Fotomotiv aus dem Ozean hervor. Diese wird im Inland vom 476 Meter hohen Berg Sa Talaïa überragt, dem höchsten Berg Ibizas.

Der größte Ort im Westen ist mit Sant Antoni de Portmany eine recht berüchtigte Hochburg vor allem für britische Partytouristen, die sich nur zögerlich von ihrer Vergangenheit erholt. Hier befindet sich auch das Café del Mar, das Ibizas Image als Insel cooler Musik, endloser Sommer und nie endender Partys in den zurückliegenden 30 Jahren maßgeblich mitgeprägt hat.

Cala Bassa ➡ E2/3

Formschön, mit einer karibisch anmutenden Wasserfarbe und dazu sehr sporadischer Bebauung. Mit diesen Eigenschaften besitzt die Cala Bassa beste Voraussetzungen für einen perfekten Strandtag. Die Bucht jedoch befindet sich im Einzugsbereich von Sant Antoni. Weil sich ihre Vorzüge herumgesprochen haben, ist sie in den Sommermonaten zunehmend überlaufen. Darunter leiden die Aufenthaltsqualität und die Sauberkeit gleichermaßen. Auch die Preise für Strandliegen sind gepfeffert. Wer je-

Winzige Bucht mit viel Charme: Cala d'Hort

doch einen ruhigen Tag erwischt, hat mit der Illa des Bosc und der Illa Sa Conillera gleich zwei vorgelagerte Inseln im Blick.

Cala d'Hort ➡ G2

Eine winzige Bucht mit viel Charme. Diesen verdankt die Cala d'Hort ihrer Ausrichtung nach Südwesten, wo der Blick der Besucher unweigerlich auf die mythenumrankte Felseninsel Es Vedrà fällt. So wundert es nicht, dass bei einsetzendem Sonnenuntergang vor allem Pärchen auf dem Strand anzutreffen sind. Zu beachten gilt es, dass die Parkplatzsituation angespannt sein kann an. Auch sind die letzten paar Hundert Meter hinunter zur Straße sehr steil. Die beiden Restaurants indes sind in Familienbesitz und sie leben nicht davon, die schöne Lage durch überhöhte Preise auszuschlachten.

El Carmen ➡ G2
Cala d'Hort
✆ 971 18 74 49
www.elcarmencaladhort.com
Tägl. ab 12.30 Uhr
Frischer Fisch und rustikale Inselspezialitäten an mit Stoff eingedeckten Tischen mit Blick auf Es Vedrà. Die Preise bewegen sich zwischen moderat und nicht ganz billig. Der Hauswein reißt kein Loch ins Budget. €€

Cala des Jondal ➡ H4

Trotz ihrer relativen Nähe zum Flughafen scheint diese ganz im Südwesten der Insel gelegene Bucht noch recht abgelegen. Das ist in erster Linie auf die verschlungenen Pfade zurückzuführen, die hier bis in die Gegenwart durch die Landschaft führen. Einmal angekommen, können sich Besucher auf eine gut abgeschirmte Bucht freuen, die Promis gerne mit ihren Yachten ansteuern. Wann immer ein solches Wasserfahrzeug in Sicht kommt, steigt in den Beach Clubs die Spannung, ob sich die Passagiere

Die Cala des Jondal ist vor allem bei Yachtbesitzern beliebt

zu einem Landgang aufmachen – und um wen es sich dabei handeln könnte.

Die fünf nebeneinanderliegenden Restaurants bedienen von Familien bis zur High Society ein breites Publikum. Dabei gilt es zu beachten, dass die im Westen der Bucht liegenden Lokale wegen der Hügel früher auf Sonnenschein verzichten müssen.

Es Xarcu ➡ H4
Cala Es Xarcu
✆ 971 187 867
www.esxarcu.com
Küche tägl. von Mittag bis Sonnenuntergang
Obwohl dieses Lokal eher simpel ist, ist die Küche überregional bekannt. Die Preise sind ebenso hoch, wie die Aussicht auf die Cala Virgen zum Träumen einlädt.
€€€–€€€€

Blue Marlin ➡ H4
Cala Jondal
✆ 971 41 01 17
www.bluemarlinibiza.com
Mai–Okt.
Auf einer Strandliege chillen, aufs Meer blicken und es sich gut gehen lassen. Das ist in diesem Club des gehobenen Preisniveaus Standard: Der Wagyu-Beef-Burger kostet schlappe 55 Euro, die Cocktails kommen auf 15 Euro. Im Preis inbegriffen sind etwaige Aufeinandertreffen mit Stars und Sternchen. Laut Eigentümer gehörten bereits Sylvester Stallone, Leonardo di Caprio und Lewis Hamilton zu den Gästen.
€€€

Cala Tarida ➡ F2

Eine kurvenreiche Straße führt von Sant Josep zur größten und weitesten Bucht der Westküste. Mit ihren schroffen Felsformationen, einer Naturbrücke und glasklarem Wasser muss dies einst ein paradiesischer Ort gewesen sein.

Der Tourismus allerdings hat hier in Form einer dichten Bebauung unwiderrufliche Spuren hinterlassen. Dazu gehören auch einige exklusive Beach Clubs, zu deren Gästen zuweilen auch prominente Zeitgenossen aus verschiedenen Ländern gehören.

Cotton Beach Club ➡ F2
Carrer Posta de Sol 21
Cala Tarida
✆ 971 80 61 80
www.cottonbeachclub.com
Tägl. ab 10 Uhr, Küche ab 13 Uhr
Ibiza-Dekadenz im Endstadium: Dieser strahlend weiß eingerichtete Club buhlt mit Erfolg um eine ebenso exklusive wie zahlungskräftige Kundschaft. Die Sushi-Platte des Chefs kommt auf 500 Euro, und auch die Champagner-Karte mit Posten für 474 Euro kann sich sehen lassen. Doch keine Sorge: Es werden auch Getränke für Normalsterbliche angeboten.

Cala Vadella ➡ G2

Schon bei der ersten Annäherung wird deutlich: Die tief ins Land ragende Cala Vadella ist eine Bucht für Familien. Sie ist relativ dicht mit Ferienhausanlagen bebaut, die aber keinen monotonen Eindruck erwecken. Hinter dem Strand locken einige Lokale – und auf dem Sand werden Beachvolleyball und andere Sportarten

Die Insel der Schönen und Reichen

Auf Ibiza trifft sich der Jetset zum Yachturlaub

Wenn Boulevardblätter oder Yellow-Press-Postillen ihre jährliche Ibiza-Story planen, müssen sie ganze Autorenteams auf die Baleareninsel schicken. Der Grund? Die Prominentendichte ist mittlerweile so hoch, dass ein einzelner Autor die Aktivitäten kaum noch nachhalten kann. Von Filmstars wie Leonardo di Caprio oder Kate Hudson über Fußballer wie Cristiano Ronaldo und Bastian Schweinsteiger bis hin zu Models wie Naomi Campbell oder hauptberuflichen Starlets wie Paris Hilton und Sylvie Meis scheint sich hier alles zu treffen, was in der Glitzerwelt Rang und Namen hat.

Die Gründe für den Ansturm sind vielfältig und zum Teil sehr profan: Die Insel ist objektiv attraktiv und das Wetter ist beständig gut. Außerdem liegt Ibiza recht abgeschieden, wobei die vielen Buchten und abgelegenen Fincas ebenso als Zufluchtsort dienen wie das meist friedliche Mittelmeer. Doch auch die touristische Infrastruktur trägt ihren Teil dazu bei, da sie ausreichend Gelegenheit bietet, Wohlstand zur Schau zu stellen: Im Hard Rock Hotel geht eine Suite schon mal für 10 000 Euro pro Nacht weg. Das Sublimotion gilt mit Menüpreisen von 1500 Euro pro Person als teuerstes Restaurant des Planeten. Und auch sonst sind Luxus und Dekadenz weit verbreitet. Die Einheimischen übrigens sehen diese Entwicklung skeptisch, da sich das Preisgefüge mit jedem anwesenden Promi zu ihren Ungunsten verschlechtert.

ausgeübt. Ein ausreichend großer Parkplatz ermöglicht auch Auswärtigen den Aufenthalt.

Cana Sofia ➡ G2
Carrer Castelldefels 10
Cala Vadella
✆ 971 80 82 73
www.canasofia.com
Tägl. 11–21 Uhr, Nov.–März nur bis 18 Uhr
Das Lokal ist ein wenig kitschig eingerichtet. Doch schon die aufmerksamen Kellner machen Hoffnung auf ein authentisches Mahl. Diese wird mit klassischen ibizenkischen Rezepten (und reichhaltigen Portionen) sogar übertroffen.
€€–€€€

Stand-up-Paddling ➡ G2
Cala Vadella
www.paddlesurfibiza.es
Tour € 30–45 (120 Min.)
Wer vom Land genug gesehen hat, kann die Insel zeitgemäß auf dem Stand-up-Board vom Wasser aus erkunden. Voraussetzung: ein gut ausgeprägter Gleichgewichtssinn. Dieses Unternehmen erweitert das Angebot um die Erkundung einer Höhle.

2 Es Cubells ➡ G/H3

Die Strecke von Sant Josep nach Es Cubells zieht sich aufgrund der vielen Kurven. So vermittelt dieser hoch über den Klippen an der Steilküste gelegene Ort fast schon ein Gefühl von Abgeschiedenheit. Auffälligstes Bauwerk des kleinen Dorfes (900 Einwohner) ist die 1864 geweihte Kirche, die wie fast alle Sakralbauten der Insel strahlend weiß getüncht ist. Wer bis an den Abgrund hervortritt, sieht die Grundstücke, die sich umsichtige Mitglieder früherer Generationen rechtzeitig gesichert haben. Hier stehen nun einladend aussehende Villen mit Pools, zu deren glücklichen Besitzern auch der Musiker Mike Oldfield gehört. Die beiden Straßen, die sich in Serpentinen den Abhang hinunterwinden, führen nicht zu Stränden, sondern zu einem wenig attraktiven Steinbruch.

Bar Llumbi ➡ H3
Carrer Es Cubells 2
✆ 971 80 21 28
Tägl. 8–23 Uhr
Mit Ausblick auf das satt blaue Meer serviert das Team dieses behaglichen Restaurants leckere, frische und bezahlbare Gerichte. Wer hier einmal Platz genommen hat, mag vorerst nicht mehr aufstehen. €€

3 Es Vedrà ➡ H2

Eines der am häufigsten abgebildeten Motive Ibizas, eine prominente Pilgerstätte für Hippies oder der berühmteste Felsen der Balearen: Zur Beschreibung der Insel Es Vedrà dienen viele Attri-

Kirche von Es Cubells

bute. Unabhängig von der Wortwahl aber gilt für alle Neugierigen, dass sie das Eiland mit dem 382 Meter hohen Felsen nicht betreten dürfen. Die unbewohnte Insel ist als Naturschutzgebiet ausgewiesen, der Aufenthalt ist verboten. So bleibt den Einheimischen und Aussteigern wie den Touristen nur die Annäherung an das markante Gebilde. Wer über ein Wasserfahrzeug verfügt, kommt dem magischen Eiland am nächsten. Die Besatzung so mancher vermeintlicher Millionärsyacht lässt sich diese Chance nicht entgehen.

Alternativ bieten sich einige Stellen auf dem Festland an, die zum Teil auch heute noch recht abenteuerlich sind. So geht der etwa 500 Meter vor der Cala d'Hort gelegene Parkplatz naht-

Es Vedrà ist der berühmteste Felsen der Balearen

los in einen unbefestigten und oftmals nur angedeuteten Wanderweg über. Einen guten Blick hat man von der der Steilküste. Hier wird gerne der Grill angeworfen und die eine oder andere Flasche entkorkt. Mit etwas Glück sehen Besucher hier auch einen VW-Bus der ersten Generation – als wäre die Zeit stehen geblieben. Dabei können sie ihrer Fantasie freien Lauf lassen, wozu der Ort einzuladen scheint. So glaubten die Ibizenkos, dass der Felsen die Spitze des versunkenen Atlantis sei. Die ebenfalls zur Mythenbildung neigenden Hippies bescheinigten dem Berg magische Kräfte. Besonders eindrucksvoll ist der Anblick auch heute noch bei Vollmond.

Sant Agustí des Vedrà ➡ F4

Die verschlafenen Dörfer sind selten geworden auf Ibiza, seit sich die Inselbevölkerung in den zurückliegenden 30 Jahren auf etwas mehr als 140 000 Bewohner verdoppelt hat. Das leicht abseits der Hauptstraße gelegene Sant Agustí aber wird diesem Anspruch noch gerecht. Die weiß getünchte Kirche mit dem markanten Glockenturm ist dank ihrer Lage auf einer Hügelkuppe weithin sichtbar. Drumherum breitet sich eine Handvoll kleinerer Sträßchen aus, die auf weiten Strecken von weißen Mauern und wuchernden Kakteen gesäumt werden. Wie es sich für ein intaktes Dorf gehört, befinden sich nahe der Kirche ein paar gemütliche Gaststätten.

Can Berri Vell ➡ F4
Plaça Major, Sant Agustí
✆ 971 34 43 21
www.canberrivell.es
April–Okt. tägl. außer So ab 20 Uhr, Juli/Aug. tägl.
In einem rustikalen Landhaus mit dicken Wänden serviert Küchenchef Bruno Hernandez traditionelle Gerichte der Insel in modernem Gewand. Besonders schmackhaft zum Auftakt: die Verkostung ibizenkischer Olivenöle. €€€

Sant Antoni de Portmany ➡ E4

Mit einer perfekten Lage gesegnet – und doch ziemlich verbaut. Mit diesem Widerspruch hatten Besucher von Sant Antoni lange zu kämpfen. Seit einiger Zeit aber arbeitet die zweitgrößte Stadt Ibizas an ihrem Image, was erheb-

Das »Can Berri Vell« in Sant Agustí serviert traditionelle Gerichte

lich zu einem gelungenen Spaziergang beiträgt. Vor allem der Zeitraum vom späten Nachmittag bis zum frühen Abend eignet sich gut, wenn die Hitze nachlässt und sich der Sonnenuntergang ankündigt. Ein guter Ausgangspunkt ist die **Caló des Moro**, eine kleine Bucht im Norden des Städtchens. Nur zwei Blocks landeinwärts (Ecke Carrer de Cervantes/Carrer Vélazquez) in Richtung Süden breitet sich noch eine großflächige Brache aus, wo Sie bequem parken können.

Gleichzeitig beginnt hier Sant Antonis neueste Errungenschaft, der **Carrer Ponent**. Hinter dem Namen verbirgt sich eine Promenade, die das Mittelmeer fast bis zu den Stadtgrenzen begleitet, ohne dabei mit dem Straßenverkehr in Berührung zu kommen. Auf einer Strecke von gut fünf Kilometern zeigt sich der Küstenort von seiner allerbesten Seite. Das nördliche Ende der Strandpromenade macht zunächst eine sanfte 180-Grad-Kurve mit Blick auf schroffe Felsen, die sanft ins Meer abfallen. Direkt dahinter künden sanfte elektronische Sounds vom ultimativen Aushängeschild Ibizas: dem **Café del Mar**. Wer hier steht, begreift ohne weitere Umschweife, warum der Chill-out-Sound des Hauses zu einer weltweiten Marke aufsteigen konnte, denn die geschmeidigen Klänge sind eine perfekte Ergänzung zum Blick auf das Meer und die Silhouette der vorgelagerten Insel Sa Conillera. Mit der Popularität freilich hat auch der Andrang zugenommen, und so stehen den Besuchern zur Beobachtung des Sonnenuntergangs neben den Tischen auf der Terrasse auch Tribünen zur Verfügung. Ein Phänomen, das nicht ohne Nachahmer bleiben konnte. Daher befindet sich der 1980 eröffnete Vorreiter nun in Gesellschaft weiterer Cafés, Bars und

Einkaufsstraße in Sant Antoni

Restaurants, die gemeinsam als Sunset Strip firmieren.

Eine Ecke weiter: die nächste Überraschung. Hier fällt der Blick auf die Einfahrt in den großzügigen Naturhafen, der durch eine Hafenmole (den Passeig de la Mar) vor der zuweilen temperamentvollen Brandung geschützt wird. Dahinter schaukeln knapp 1000 Yachten friedlich vor sich hin. An Land sind die Aussichten weniger exklusiv, reihen sich hier doch die größten Hochbauten Sant Antonis aneinander, in denen vorzugsweise Gäste von den Britischen Inseln ihre schönsten Wochen des Jahres verbringen. Je weiter Sie promenieren, umso angenehmer aber entwickelt sich das Umfeld am Wasser. Das schicke Restaurant **Es Nàutic** lockt mit Blick auf den Hafen, ein paar Schritte weiter am hat es mit dem **Chiringuito d'es Port** tatsächlich ein traditionelles Lokal in die Gegenwart geschafft. Hier verzehren Fischer und andere Einheimische Fisch wie in alten Tagen. Dazu genügt ihnen meist ein einfaches Bier.

Der »Brunnenweg« (Passeig de ses Fonts) von Sant Antoni

Die sympathische Imbissbude scheint wie ein letzter Aufschrei des alten Sant Antonis zu sein, denn ziemlich genau an dieser Stelle gibt sich das Städtchen plötzlich weltmännisch: Ein Ensemble aus hoch gewachsenen Palmen, Springbrunnen und Bänken weckt Erinnerungen an Nizza, Barcelona oder andere maritime Metropolen. Wer diese Illusion noch ein bisschen aufrechterhalten möchte, sollte die ersten nach links in die Altstadt führenden Straßen tunlichst meiden. Erst der Carrer Bispe Torres führt auf sanftere Weise zur architektonischen Sehenswürdigkeit Nummer eins, die Sie nach gut 200 Metern erreichen. Es ist die **alte Wehrkirche** aus dem frühen 14. Jahrhundert, die der typischen Bauweise entspricht: strahlend weiße Mauern, ein Glockenturm, winzige Fenster und ein stabiles Mauerwerk, das es im Zweifelsfall gestattete, Zuflucht vor Belagerern zu suchen. Auch bei Dunkelheit ist der Anblick würdevoll – dann wird das Bauwerk gelblich angestrahlt. Dennoch wirkt die Kirche inmitten von Neubauten ein wenig verloren. Doch immerhin konnte sich der strahlend weiße Bau seinen kleinen Vorplatz bewahren, wo ein paar Ölbäume von Sitzgruppen flankiert werden. Der vielleicht schönste Ort in der Altstadt, in der trotz des Namens Bauten aus früheren Jahrhunderten nur sehr spärlich vorhanden sind. Daher hat sich auch die geografische Bezeichnung West End durchgesetzt. Ganz anders als der Inselhauptstadt Eivissa sieht man Sant Antoni sein Alter nicht an. Der Ort war mehr als 2000 Jahre lang ein unbedeutendes Fischerdorf, ehe in den 1950er und 1960er Jahren der Tourismus Fuß gefasst und Sant Antoni nachhaltig verändert hat. Seitdem stehen die wenigen historischen Bauten im Schatten einer kaum attraktiven Zweckarchitektur, die den Bedürfnissen des Pauschaltourismus entspricht.

Da Sie schon mal hier sind, bietet sich eine phänomenologische Vertiefung der Ortskenntnisse an. Konkret können Sie vom Kirchvorplatz mithilfe einer Rechts-Links-Kombination über den Carrer Ampler zum Carrer d'Antoni Riquer gelangen und diesen bis zum Carrer de Santa Agnès weitergehen. Doch seien Sie gewarnt: Das ist vor allem ab dem späten Nachmittag nichts für schwache Nerven; denn mag diese vor längerer Zeit noch eine Einkaufsmeile mit Altstadtflair gewesen sein, befindet sich heute genau in dieser Straße die zentrale Anlaufstelle für trinkfreudige Urlauber aus Großbritannien und Irland.

In Etablissements wie The Godfather, The Highlander Pub oder The Sin lauten die Zauberwörter Happy Hour und Karaoke – und das fast rund um die Uhr. Wer über seine Körpersprache Zweifel zum Ausdruck bringt, wird von wortgewaltigen Türstehern zum Besuch zu überreden versucht. Bei geeigneter Laune kann man gleich im Anschluss die benachbarten Tattoo-Studios besuchen. Doch der Stadtverwaltung ist der Partytourismus inzwischen zu viel geworden. Zwar lassen sich die Uhren nicht zurückdrehen. Doch immerhin gilt nun ein Alkoholverbot für den öffentlichen Raum.

Nach diesem recht aparten Ausflug in die Untiefen der menschlichen Existenz zeigt sich Sant Antoni wieder von seiner Sonnenseite. Zurück auf dem Uferboulevard stoßen Sie auf das mehr oder weniger offizielle Wahrzeichen der Stadt: das **Huevo de Colón** oder auch das Ei des Kolumbus. In Form einer ovalen Skulptur verbirgt sich dieses in einem viel befahrenen Kreisverkehr. Konkret handelt es sich um eine Anspielung auf die Theorie, der zufolge der Entdecker Christoph Kolumbus auf Ibiza geboren wurde. Gerade in der jüngeren Vergangenheit haben sich ibizenkische Politiker immer häufiger dieser These bedient. Konkrete Beweise allerdings sind Fehlanzeige. Die Betrachter kümmert es wenig.

Die Skulptur »Das Ei des Columbus« aus dem Jahr 1992

Die Kurve markiert zugleich den Beginn der **Platja de S'Arenal**. Der Hauptstrand von Sant Antoni wird während der Saison vor

Sunset Strip Es Caló des Moro in Sant Antoni de Portmany

Alte Windmühle in Sant Antoni

Tagesbeginn planiert wie eine Skipiste. Trinkspiele, deren Teilnehmer zu artistischen Einlagen aufgefordert werden, sorgen für eine Art von Trubel, die man mögen muss. Auf den Terrassen der Bars braten Urlauber in der Sonne. Auch ist es nicht weit zu zwei Institutionen des örtlichen Nachtlebens, den Großraumdiscos **Es Paradis** und **Eden**, die jenseits der Küstenstraße zum Besuch bitten.

Davon unbeirrt bahnt sich die Promenade weiter ihren Weg. Gerne wird sie auch von Einheimischen zum Joggen und Rollerbladen benutzt, die sich währenddessen über die Strandaktivitäten der Urlauber wundern: Limbo-Tänze und Ähnliches. Die Bebauung ist hier auf seltsame Weise lückenhaft, ja, auf der anderen Straßenseite steht vorübergehend nicht einmal eine zweite Häuserreihe. Stattdessen beginnen die Felder der Landwirte. So muss es vor 50 Jahren noch über weite Strecken hier ausgesehen haben.

Bald aber nimmt die Dichte der Gebäude wieder zu, bis auf der nächsten Landzunge abermals ein Überbleibsel aus der Vergangenheit auf sich aufmerksam macht: Diesmal ist es eine alte Windmühle, die an die langjährige Abgeschiedenheit des Eilands erinnert. Heute wirkt der weiße Rundbau mit den trutzigen Mauern und sechs eher wacklig anmutenden Flügeln wie aus der Zeit gefallen.

Nur wenige Meter weiter endet an der Kasbah Sunset-Bar nach gut vier Kilometern der Carrer Ponent, der einen erheblichen Beitrag dazu geleistet, Sant Antoni auch für die Allgemeinheit wieder zu einem attraktiven Ort zu machen. Und nun schnell zurück zum Ausgangsort – vorzugsweise zum Sundowner im Café del Mar.

Oficina de Turismo ➡ E4
Passeig de ses Fonts 1
07820 Sant Antoni
✆ 971 34 33 63
http://visit.santantoni.net
Mo–Fr 10–20.30, Sa/So 10–14 und 17–20 Uhr

Aquarium Cap Blanc ➡ D4
Carretera Cala Gració
Sant Antoni
✆ 663 94 54 75
www.aquariumcapblanc.com
Mai, Okt. tägl. 9.30–18, Juni–Sept. 9.30–22, sonst nur Sa 10–14 Uhr
Eintritt € 5/3
Dieses nördlich von Sant Antoni gelegene Aquarium befindet sich

Sant Antoni – Die Hauptstadt der Engländer

Der Ruf Sant Antonis war lange Zeit verheerend. So wie trinkfreudige Deutsche und ihr Ballermann die Reputation Mallorcas beschädigt haben, ist das einstige Fischerdorf seit Jahrzehnten fest in der Hand britischer Touristen. Anfangs genügte die Kombination aus Strand, billigem Alkohol, die fehlende Sperrstunde sowie ungewohnt warme Temperaturen für die Dauerekstase. Doch je mehr sich die Clubkultur durchgesetzt hat, umso mehr wurde Sant Antoni auch von anderen Drogen überschwemmt. So hatten Dealer-Banden aus Manchester und Liverpool ihr Augenmerk auf ihre partyfreudigen Landsleute auf Ibiza gerichtet.

Das ultimative Aushängeschild Ibizas: das Café del Mar

zum Teil in einer Höhle und ist zum Meer hin geöffnet. In dieser sonderbar geheimnisvollen Umgebung können Besucher viele im Mittelmeer lebende Spezies aus der Nähe beobachten.

Cala Gració ➡ D3/4
2 km nordwestl. von Sant Antoni
Ein bisschen Ruhe gefällig? In diesem Fall bietet sich etwas weiter nördlich des Café del Mar die Cala Gració an. Die kleine Badebucht ist dramatisch von Felsen eingerahmt, besitzt einen kleinen Strand und sogar ein Strandcafé mit bodenständigen Preisen, wo die Einheimischen hingehen.

Es Nàutic ➡ E4
Passeig de la Mar 8
Sant Antoni
✆ 971 34 16 52
www.esnauticrestaurant.com
Schickes Restaurant an der Marina mit vorzülichem Blick und moderner Küche. Spezialität sind die frischen Meeresfrüchte.
€€€–€€€€

El Bistrot de Stephan ➡ E4
Carrer del Bispe Torres 3
Sant Antoni
✆ 871 71 49 17
Tägl. außer Mi 18–24 Uhr
Leckere französische Bistro-Küche, die Chef Stephan und sein Team vor den Augen der Gäste zubereiten. Guter Service und preiswerte Menüs machen das Restaurant zu einer sehr guten Adresse, wo das aufgrund der Nähe zu einschlägigen Partymeilen kaum zu erwarten ist. €€

El Chiringuito d'es Port ➡ E4
Passeig de la Mar s/n
Sant Antoni
✆ 667 65 05 90
Einfaches Fischlokal mit dem Charakter einer Imbissbude, rasend populär bei den Einheimischen. So war Ibiza früher. €–€€

Café del Mar ➡ E4
Carrer Vera Lepant
Sant Antoni
www.cafedelmarmusic.com
Tägl. ab 17 Uhr
Im Westen geht die Sonne unter. Dieses Naturgesetz machen sich die Betreiber des Café del Mar seit dem 20. Juni 1980 zunutze. Durch die Premiumlage am Meer und den herrlichen Blick auf das Wasser mit der vorgelagerten Insel Sa Conillera ist das Farbenspiel hier ohnehin ein allabendliches Ereig-

Sonica FM: Der Ibiza-Sound

Wer als Wiederholungstäter auf die Insel kommt, kann nicht anders: Sobald der Mietwagen bestiegen oder die Ferienwohnung bezogen ist, muss das Radio eingeschaltet werden, um das Inselgefühl nun auch akustisch zu absorbieren. Für den Sound of Ibiza steht heute der Radiosender Sonica FM. Die Station ist auf der Frequenz 95,2 sowie im Internet (www.ibizasonica.com) beheimatet – und die DJs spielen all das, was der Insel zu einer eigenen musikalischen Identität verholfen hat.

Angefangen hat alles mit den Chill-out-Sounds, die ein gewisser José Padilla in den frühen 1980er Jahren als Resident DJ im Café del Mar zum täglichen Ritual des Sonnenuntergangs aufgelegt hat. Die sanften Klänge sollten von Bands wie Underworld über Moby bis hin zu The XX gleich mehrere Generationen von Musikern beeinflussen. Doch auch vor den härteren Club-Sounds späterer Jahrzehnte schreckt Sonica FM nicht zurück – schließlich beherbergt Ibiza gleich sieben der weltweit größten Clubs, in denen bis heute alle namhaften DJs der Welt auflegen. Erfolg und Qualität des Senders übrigens sind nicht weiter überraschend, denn auch für Sonica FM zeichnet der 1955 geborene Padilla verantwortlich.

Craft Beer aus Ibiza: Ibosim

nis. Das Café del Mar aber ist nicht nur wegen seiner Lage etwas Besonderes, sondern vor allem, weil es den passenden Soundtrack dazu erfunden hat: sanfte, elektronische Musik, die der Resident-DJ José Padilla vor Ort aufgelegte. Aus dem Ibiza-Chill-out sollte ein eigenständiger Musikstil werden. Allein das Café del Mar hat mehrere Dutzend Tonträger auf den Markt gebracht, die natürlich im angeschlossenen Souvenirladen erhältlich sind. Trotz des Kommerzes aber sind die Sonnenuntergänge auf den eigens aufgestellten Tribünen immer noch ein unverfälschtes Erlebnis.

Eden ➡ E4
Carrer Salvador Espriu
Sant Antoni
✆ 931 81 66 46
www.edenibiza.com
Eintritt € 25 und 45
Das Paradies? Oder doch lieber das Eden? Vor dieser Frage stehen die Partygänger in Sant Antoni Abend für Abend. Dieser Club besteht bereits seit 1999, besitzt ein Fassungsvermögen von 3000 Personen und wurde 2013 rundumerneuert. Er ist bekannt für solide Club-Nächte und ein gutes Soundsystem.

Es Paradis ➡ E4
Carrer Salvador Espriu 2
Sant Antoni
✆ 971 34 66 00
www.esparadis.com
Eintritt € 25 und 45
Ein schrilles Dekor, schräge Themenabende mit Wasserspielen und aufgeladene Partys mit lauten Beats bestimmen den Alltag in der ibizenkischen Interpretation des Paradieses. Drei Tanzflächen und vier VIP-Bereiche sorgen für die nötige Abwechslung. Etwas diskreter geht es im Blue Room zu, wo die Nächte erst um 4 Uhr morgens beginnen.

Ausflugsziel:

Ibosim Brewhouse ➡ E3
Carrer València 4, Sant Josep
www.cervezaibosim.com
Tägl. außer So 18–24 Uhr
Craft Beer ist in aller Munde. Dieses Brauhaus ist das erste seiner Art auf Ibiza. Aus dem Zapfhahn kommen vom Weißbier über ein IPA (Indian Pale Ale, ein helleres, kräftigeres Bier) bis hin zum Porter viele Sorten. Besonders viel »Terroir« besitzt das Bier, das mit inselweit vorkommendem Rosmarin gewürzt ist. Das Brauhaus befindet sich in Port d'es Torrent, einem reinen Ferienort etwa 5 km südwestlich von Sant Antoni. Postalisch aber gehört es zu Sant Josep – ein Widerspruch, der auf der Insel häufig vorkommt.

Sant Josep de Sa Talaïa ➡ F4

Hoch oben in den Hügeln befindet sich in überwiegend bewaldetem Gebiet der Hauptort der Gemeinde Sant Josep. Der alte Kern des 500-Seelendorfs mit seinen prächtigen weißen Häusern und der üppigen Vegetation ist herrlich authentisch, leidet aber unter der verkehrsreichen Durchfahrtstraße. Unumstrittener Blickfang ist die wohlproportionierte Wehrkirche **Església de Sant Josep**, die 1731 erbaut wurde. Über den drei Torbögen, die das Portal bilden, breiten sich zwei schlichte Geschosse mit kleinen Fensteröffnungen aus. Als Krönung dient der Dachreiter mit einer kleinen Glocke. Das Interieur des Sakralbaus wurde während des Spanischen Bürgerkriegs weitgehend zerstört. Abgesehen von der Kirche fällt Sant Josep auch durch seinen intakten Einzelhandel auf: Neben Supermärkten finden Besucher in den Straßen rund um die Ortsmitte auch kleine Boutiquen und Galerien. Wie fast alle Orte auf der Insel ist auch Sant Josep nach einem Heiligen benannt. Der Zusatz leitet sich in diesem Fall vom höchsten Berg der Insel ab, der von hier aus erklommen werden kann.

Oficina de Turismo ➡ F4
Plaça Església
Sant Josep
✆ 971 80 16 27
www.santjosep.net

Bar Can Bernat Vinya ➡ F4
Carrer de Pere Escanelles
Sant Josep
✆ 971 80 07 03
Beliebtes Tapas-Lokal, wo die Gäste bei gutem Wetter im Schatten alter Bäume auf Bougainvilleen blicken. Hinter dem Haus startet

Promenade der zweitgrößten Insel-Stadt: Sant Antoni de Portmany

Ibiza-Mode in Sant Josep: Boutique Cactus

der Wanderweg zum Sa Talaïa – nach der Rückkehr bietet sich das Lokal also zur Einkehr an. €

Bar Destino ➡ F4
Carrer Sa Talaïa 15, Sant Josep
✆ 971 80 07 03
Tägl. 13–1 Uhr
Dieses Restaurant steht bei den Einheimischen weit oben auf der Beliebtheitsskala. Neben Tapas serviert die Küche auch Gerichte afrikanischer und asiatischer Herkunft. €

Boutique Cactus ➡ F4
Carrer Can Pou 4, Sant Josep
✆ 971 80 00 14
Tägl. außer So 10–13.30 und 17–21 Uhr
Geschmackvolle Ibiza-Mode mit einem Schwerpunkt auf Pastellfarben in einem hübschen Ladenlokal.

Sa Talaïa ➡ G3

Der höchste Berg von Ibiza ist eine kleine sportliche Herausforderung, nach deren Bewältigung prächtige Fotomotive warten. Auch wenn der Gipfel lediglich 476 Meter hoch ist, sind die Aussichten bei gutem Wetter ein Genuss. Dabei ist es keineswegs so, dass es eine Massenbewegung hinauf zur Bergspitze gibt. Der Weg nämlich ist gar nicht so leicht zu finden.

Wanderung zum Sa Talaïa
➡ G3

Los geht es in Sant Josep hinter dem Traditionslokal Bar Can Bernat Vinya (vgl. S. 41). Dahinter nimmt die Carrer sa Talaïa ihren Lauf, die zunächst als beidseitig eingemauerter Steinpfad durch Obstgärten führt. Holzschilder weisen in unregelmäßigen Abständen zum Berggipfel, dessen Name auf Arabisch schlicht »Aussichtspunkt« bedeutet. Später führt die Straße durch Pinienwälder und abgelegene Wohngebiete. Schon hier reicht die Aussicht bis zur Platja d'en Bossa bei Eivissa und nach Formentera.

An einer Stelle gilt es aufzupassen, denn von terrassierten Hängen geht es auf steinigem Untergrund steil bergauf. Seile helfen hier zur Sicherung der Standfestigkeit. Anschließend wird der Parcours wieder leichter, wobei nun auf beiden Seiten herrliche Ausblicke auf die Küstenlinie ins Blickfeld geraten. Nach gut einer Stunde ist das erste Gipfelplateau mit einigen Telekommunikationsanlagen erreicht.

Die Aussicht auf grün schimmernde Buchten und einen makellos blauen Horizont ist fantastisch. Den etwa 500 m weiten Weg zu einem zweiten Gipfel kann man sich sparen, da der Wald hier keinen Blick freigibt.

Denken Sie bei der Wanderung an ausreichend Wasser und gegebenenfalls einen kleinen Snack, denn weder unterwegs noch auf dem Gipfel gibt es die Möglichkeit einer Einkehr.

Der Norden

Eine gedachte Linie von Sant Antoni über Santa Gertrudis bis zur vorgelagerten Insel Tagomago hilft ganz gut dabei, den Norden Ibizas einzugrenzen. Hier ist die Vegetation dichter und die Dörfer sind kleiner. Auch scheinen die Badebuchten enger und die Hügel steiler zu sein, als im Rest der Insel. Manche dienen dabei als Terrain für dramatische Straßen, die nur über viele Serpentinen zum Ziel führen. Kurz gesagt: Der Norden Ibizas ist rauer. Wer einmal bei frischem Wind die Brandung auf den Klippen bei Portinatx gesehen hat, wähnt sich so gar nicht am sanften Mittelmeer.

Die schroffere Topografie hat zur Folge, dass dieser Teil der Insel am dünnsten besiedelt und am wenigsten erschlossen ist. Mit Sant Joan de Labritja und Sant Miquel de Balansat gibt es zauberhafte Dörfer. Dies freilich bedeutet nicht, dass der Tourismus hier nur eine Randerscheinung wäre – schließlich gibt es keinen Ort auf Ibiza, der mit dem Auto nicht binnen einer Stunde erreichbar wäre. Wohl aber geht es im Norden fast überall ruhiger und gemächlicher zu. Wer ein wenig sucht, findet in den Wäldern, Buchten und Talkesseln sogar die Einsamkeit.

4 Cala Benirràs ➡ A/B7

Die Infrastruktur mit mehreren Restaurants ist für eine kleine Bucht recht ausgeprägt. Allein die nordwestliche Richtung, in die sich die Cala Benirràs öffnet, könnte zur Begründung hierfür genügen. Schließlich ermöglicht sie den Besuchern mit schöner Regelmäßigkeit, dem Sonnenuntergang beizuwohnen. Der ist an dieser Stelle der Insel besonders spektakulär, da sich ziemlich genau in der Mitte der Bucht ein formschöner Felsen erhebt – ein perfektes Fotomotiv.

Doch diese Bucht hat noch eine andere Geschichte geschrieben. Genauer gesagt haben das die Hippies übernommen, die schon früh die Reize der Bucht entdeck-

An der Cala Benirràs ist der Sonnenuntergang besonders spektakulär

ten. Um den Sonnenuntergang angemessen zu würdigen, pflegten sie das Schauspiel mit einem Trommelwirbel einzuleiten. Diese Tradition ist immer weiter ausgeufert und sie lebt bis heute: An jedem Sonntagabend treffen sich am Westrand der Bucht Dutzende von Trommlern, um mit hypnotischen Rhythmen vorzugsweise junge Damen zum Tanz zu bewegen. Wer im Augenblick des Sonnenuntergangs ins Wasser hüpft, kann sich des Applauses johlender Massen sicher sein. Das Ereignis ist inzwischen so groß, dass die Parkplätze weit im Voraus voll sind. Wer dabei sein möchte, sollte früh kommen. Das Fahrrad ist kaum eine Alternative, denn die Straße ist steil und voll. In den Lokalen brummt es sonntags derart, dass die trommelnden Hippies 2017 eine Gewinnbeteiligung eingefordert haben – geschäftstüchtig waren sie schon immer.

Elements ➡ B7
Cala Benirràs, Sant Miguel
✆ 971 33 31 36
www.elements-ibiza.com
Tägl. 10–2 Uhr
Wer zum Sonnenuntergang gegrillten Oktopus oder Pasta mit Baby-Lobster verspeisen möchte, ist in diesem Lokal richtig. Aussicht und Speisen freilich haben ihren Preis. €€€€

Cala de Sant Vicent ➡ B10/11

Gegen diese Bucht und den dahinterliegenden Ort wäre wenig einzuwenden, denn sie ist formschön, mit einem 380 Meter breiten Sandstrand gesegnet und sie wird von bewaldeten Hügeln eingerahmt. Doch die Bebauung mit Hotelriegeln ist ein wenig brachial geraten, was die Aufenthaltsqualität aus ästhetischer Sicht beeinträchtigt. Puristen machen sich daraus wenig: Sie stehen früh genug auf, um im Meer ihre Bahnen zu ziehen, während im Osten die Sonne aufgeht. Die kurvenreiche Anfahrt vorbei an terrassierten Hängen kündet bis heute davon, dass Sant Vicent einst der am weitesten abgelegene Ort der Insel war. Die Hügel im Norden gehören zu den letzten unerschlossenen Flecken auf Ibiza.

Hidden ➡ B10
51 Carrer Cala Sant Vicent B
Sant Vicent
✆ 674 914 365
www.hidden-ibz.com
Mai–Sept. tägl ab 13 Uhr

Die Sonntagstrommler am Strand von Benirrás

An der Cala Xaracca treffen sich vor allem Einheimische

Baumhauskonzerte, High Tea nach britischer Art und Minigolf für die Kinder. Dazu ein großzügiger Garten in etwa 100 Metern Entfernung zum Strand, Hippie-Sounds und eine gute Küche. Diese Kombination macht dieses kuriose Etablissement zu einem einzigartigen Treffpunkt. €€

On the Beach ➡ B10
Platja de Cala Sant Vicent
✆ 971 32 01 15
Tägl. 10–2 Uhr, in der Nebensaison bis 23 Uhr
Der tägliche frische Fisch wird langweilig? Dann bietet dieses von Niederländern betrieben Lokal Alternativen in Form von Bitterballen, Kroketten und Burgern. Dabei laufen chillige Ibiza-Sounds und der Blick fällt aufs Meer. €–€€

Cala d'en Serra ➡ A9

Von Portinatx führt eine schmale Straße in diesen entlegenen Zipfel der Insel und geht kurz vor Erreichen der Bucht in einen Feldweg über. Wer die Mühen dennoch auf sich nimmt, erhält eine ungefähre Vorstellung davon, wie weite Teile Ibizas bis vor wenigen Jahrzehnten ausgesehen haben. Die unzugängliche Bucht wird von smaragdgrünem Wasser durchspült, in dem sich meist nur wenige Schwimmer und Schnorchler tummeln. Auf einer Klippe thront in Form der Ruine eines Hotelbaus eine unschöne Spur der Zivilisation. Es könnte ein Mahnmal dafür sein, dass Investoren nicht überall ihr Glück versuchen müssen.

Cala Xaracca ➡ A8

Viele Ibizenker suchen sich diese Bucht für ihre schönen Stunden aus. Hier gibt es auf engem Raum so gut wie alles: nicht sonderlichen feinen Strand, ein paar Häuser, gastronomische Betriebe und einige Felsen im Wasser. Für Spektakel sorgen die Klippenspringer im Nordostwinkel.

Cala Xuclar ➡ A8/9

Die winzige Badebucht befindet sich in unmittelbarer Nähe zur Hauptstraße nach Portinatx. Weil nur ein kleines, kaum lesbares Schild auf sie hinweist, ist das kaum mehr als 50 Meter breite Kleinod oft wenig bevölkert. Während der Saison sorgt ein Strandrestaurant (Chiringuito) für zusätzliches Wohlbefinden.

Blick auf die exklusive Privatinsel Tagomago

Chiringuito Cala Xuclar ➡ A9
Carretera San Joan, km 26,5
Portinatx, ✆ 607 23 30 19
Mai–Sept. tägl. ab 10 Uhr
Die Inhaber verfolgen das Ziel, mit den frischesten Fisch der Insel zu servieren. Der freundliche Service und die tolle Lage tun ihr übriges zur Beliebtheit des Lokals. Wer einen Tisch ergattern möchte, sollte Tage im Voraus reservieren. €€€

Es Figueral ➡ C10/11
Ein Ferienort der etwas größeren Sorte, dessen Einfallstraße von wenig attraktiven Bettenburgen flankiert wird. Wer dies ausblendet, trifft auf eine schöne Badebucht mit ruhigen Gewässern, die gerne von Stand-up-Paddlern und anderen Wassersportlern frequentiert werden. Das Hügelland geht hier in flachere Gefilde über, was sich unter anderem durch eine rasche Zunahme landwirtschaftlicher Betriebe bemerkbar macht.

Ausflugsziel:

Torre d'en Valls ➡ C11
Etwa drei Kilometer südöstlich von Es Figueral liegt mit Pou des Lleó einer der schönsten Flecken der Insel. Die Bucht selbst wird von den üblichen Fischerbaracken flankiert. Nur ein paar Meter weiter östlich befindet sich eine Naturbrücke, die sich in einer Zeit der personalisierten Actionbilder gut als Fotomotiv eignet. Von hier aus führt ein etwa 1200 Meter langer Wanderweg zum Torre de Campanitx (Torre d'en Valls). Der für Ibiza so typische Wehrturm ist zwar nicht öffentlich zugänglich, doch die Aussicht ist formidabel: Der Blick fällt direkt auf die Insel Tagomago. Wer mag, kann sich auf den Felsen der Küste an einer recht anspruchsvollen Wanderung versuchen, die ein deutscher Pionier mit blauen Pfeilen markiert hat. Dafür sind geeignetes Schuhwerk und trockene Witterung dringend zu empfehlen.

Illa de Tagomago ➡ C12
www.tagomago-island.com
Gut 900 Meter östlich des Festlands ragt eine kleine Insel mit einer maximalen Ausdehnung von 1525 Metern aus dem Mittelmeer. Das Eiland ist fast vollständig bewaldet, verfügt an seiner Westküste über einen Naturhafen und besitzt einen 113 Meter hohen Berg, der den Blick nach Ibiza gestattet. Klingt attraktiv, oder?

Dies zumindest hat auch der deutsche Adelsclan der Thurn und Taxis so empfunden, der Tagomago in den 1980er Jahren erworben hat, um dort eine stattliche Villa zu errichten, die bis heute neben dem Leuchtturm das einzig nennenswerte Gebäude ist. Heute gehört die Insel einem Hamburger Immobilienmakler, der Haus und Insel tage- oder wochenweise vermietet. In die Schlagzeilen des deutschen Boulevards geriet der Name Tagomago zuletzt, als die Journalistin Sabine Christiansen dort geheiratet hat.

Port de Sant Miquel ➡ B7

So unscheinbar Sant Miquel (vgl. S. 53 f.) sich geben mag, umso geschäftiger ist die an der Küste gelegene Zweigstelle des Ortes. Am Ende einer kurvenreichen Abfahrt baut sich eine größere Feriensiedlung mit überwiegend nichtssagenden bis misslungenen Wohnanlagen auf. Diese allerdings liegen an einer Prachtbucht, dessen schmaler Sandstrand in der Hochsaison kaum zur Beherbergung aller Gäste ausreicht. Gut also, dass über verschlungene Pfade (Schilder hinter dem Restaurant Port Ballansat) weitere kleine Buchten erreichbar sind. Mit der Tropfsteinhöhle Cova de Can Marçà wartet hier außerdem eine Attraktion auf Besucher, die sich aufgrund ihrer geschützten Katakomben sowohl für sehr heiße wie auch für verregnete Tage eignet.

Cova de Can Marçà ➡ B7
Port de Sant Miquel
✆ 971 33 47 76
www.covadecanmarsa.com
Tägl. 10.30–20 Uhr (in der Nebensaison bis 17 Uhr)
Eintritt € 10,50
Das Höhlensystem hat sich vor rund 100 000 Jahren in die Felsen oberhalb der Bucht von Sant Miquel gegraben. Die jüngere Vergangenheit hat spannende Geschichten mit sich gebracht, als Schmuggler die weitläufigen Verzweigungen der recht trockenen Tropfsteinhöhle bevölkert haben. Der Anstieg vom Strand ist recht steil. Wer das in Kauf nimmt, spart sich die Gebühr für den kostenpflichtigen Parkplatz.

Restaurant Port Balansat
➡ B7
Port de Sant Miquel
✆ 971 33 45 27
www.restauranteportbalansat.com

Die unterirdischen Höhlen der Cova de Can Marçà sind spektakulär beleuchtet

Tägl. 11–23.30, in der Nebensaison ab 13.30 Uhr
Wer ein Lokal in einem Touristenort aufsucht, das sich in der ersten Reihe mit Blick aufs Meer befindet, weiß, dass es hier mutmaßlich keine Schnäppchen gibt. Doch man muss ja nicht gleich die solide Meeresküche verkosten: Auch ein verspätetes Frühstück mit gutem Espresso kann für Freude sorgen. Das livrierte Personal ist prima. €€€

Wanderung zum Torre des Molar ➡ B7

Ehrgeizige Spaziergänger können von Port de Sant Miquel zum Torre des Molar hinaufwandern. Die Strecke beginnt unweit des Restaurants Port Balansat. Von hier führt ein meist recht schmaler Weg zunächst zu einer namenlosen Schwesterbucht, auf deren winzigem Strand in der Hauptsaison ein Chiringuito (Utopia Beach Bar) lockt. Von hier aus schlängelt sich der Pfad immer weiter bergauf, um schließlich eine Asphaltstraße zu kreuzen. Hier weisen Schilder den Weg zu einem sandigen Waldgebiet, das erst kurz vor der steilen Küste endet. Der hiesige Wehrturm kann bestiegen werden, was jedoch eine gewisse Beweglichkeit erfordert. Wer darüber verfügt, kommt in den Genuss einer traumhaften Aussicht, die bei entsprechendem Wetter bis zum 80 km entfernte Mallorca reicht. Die Strecke ist ungefähr 2 km lang, unterwegs gilt es etwa 120 Höhenmeter zu überwinden.

Portinatx ➡ A9

Bis in die Hauptstadt Eivissa sind es heutzutage mit dem Auto kaum mehr als 30 Minuten. Dennoch aber fühlt sich der nördlichste Ort der Insel wie eine entfernte Welt an. Das dürfte maßgeblich auf die isolierte geografische Lage zurückzuführen sein, denn die letzten Kilometer bis zur Küste führen durch dicht bewaldete Hügellandschaften. Einmal in dem ehemaligen Fischerdorf angekommen, erwartet die Besucher eine der schönsten Ecken der Insel. Hier wechseln sich schroffe Klippen und kleine Sandstrände auf engem Raum ab. Die Buchten sind gut durch Felsvorsprünge geschützt – ein Vorzug, den vor allem Schnorchler zu schätzen wissen. Portinatx aber ist auch ein guter Ausgangspunkt für Wanderungen – zum Beispiel zum nahe gelegenen Leuchtturm.

Die Wanderung zum Torre des Molar führt über Stock und Stein

Balearen? Katalonien? Spanien? Die permanente Identitätsfrage

Mallorca befindet sich von der Nordküste Ibizas in Sichtweite. Von den Hügeln im Westen blickt man bei guter Sicht aufs spanische Festland. Die katalanische Kapitale Barcelona ist täglich per Fähre und Flugzeug erreichbar. Doch trotz aller Nähe zu den diversen Nachbarn mag sich Ibiza nirgendwo so richtig zugehörig fühlen – was gewiss auch auf die turbulente Historie mit immer wieder neuen Besatzern zurückzuführen ist. De facto bildet Ibiza gegenwärtig gemeinsam mit Mallorca, Menorca und Formentera eine von 17 autonomen Regionen Spaniens. Doch die Realpolitik ist schwierig. So befindet sich die Hauptverwaltung in Palma de Mallorca, weshalb die Ibizenker den Mallorquinern unterstellen, immer erst an die eigenen Interessen zu denken. Vor allem bei der Verteilung von Geldern. Zudem wird auf den Balearen Katalanisch gesprochen – doch anders als die Festlandkatalanen verfolgen die Inseln keinerlei separatistische Tendenzen. Zu Spanien mag man sich aber erst recht nicht zählen. Das erfahren Kneipenbesucher etwa bei Champions-League-Übertragungen, wenn die Einheimischen bei Toren gegen madrilenische Mannschaften jubeln.

5 Faro des Moscarter ➡ A9

Dieser Leuchtturm fällt in mehrfacher Hinsicht auf: Mit einer Eigenhöhe von 52 m thront er auf einer 41 m hohen Klippe. Zudem verfügt er über einen geringelten Anstrich in schwarzweißer Farbe. Das 1977 in Betrieb genommene Lichtsignal ist auf dem Wasser noch aus einer Entfernung von rund 33 km wahrnehmbar. Der Turm kann nicht bestiegen werden – die Aussicht bis ins 80 km entfernte Mallorca aber ist an klaren Tagen auch so gegeben.

Faro des Moscarter

Wanderung zum 5 Faro des Moscarter ➡ A9

Von Portinatx führt ein etwa 2 km langer Pfad zum Leuchtturm. Der Weg ist nur spärlich ausgeschildert, führt aber aufgrund des markanten Turms nicht zu Orientierungsschwierigkeiten. Der Weg ist zudem auch in der Nähe des Abgrunds ungesichert, was einige Vorsicht erfordert. Unterwegs kommen Wanderer in den Genuss herrlicher Düfte, denn es geht nicht nur über Felsen und Klippen, sondern auch vorbei an Rosmarinbüschen und Wacholdersträuchern. Ein herrliches Erlebnis, vor allem wenn in der Nähe die Wellen gegen die Felsen peitschen.

Chiringuito El Puerto Portinatx ➡ A9

Carrer Vénda de Portinatx 104
Portinatx
Bei gutem Wetter tägl. ab 9 Uhr
Diese Strandbude ist in der Hauptsaison ein klarer Fall für Platznot. In der Nebensaison aber gibt es kaum einen besseren Fleck, um mit Blick auf das Wasser in voller Sonne einen Drink oder einen Snack einzunehmen.

Schnorcheln in der Cala Portinatx ➡ A9

Am Hafen von Portinatx
✆ 971 33 75 58
www.subfari.net

Glasklares Wasser und eine außergewöhnlich gut geschützte Lage machen die Bucht von Portinatx zu einem idealen Revier zum Schnorcheln. Auch Anfänger müssen hier keine Bedenken haben. Das Tauchzentrum Subfari bietet Kurse für Fortgeschrittene.

Punta de sa Galera ➡ D3/4

Vor nicht allzu langer Zeit war der gut fünf Kilometer von Sant Antoni gelegene Felsvorsprung ein Geheimtipp. Im Zeitalter von Instagram und punktgenauen Markierungen aber sollte es nicht mehr lange dauern, bis Selbstdarsteller jeder Fasson die Qualitäten des Ortes entdeckt haben. Nun sind die terrassierten Felsen und die nahen Gewässer meist von spärlich bis gar nicht bekleideten Schönlingen beiderlei Geschlechts belegt, die sich hier zur Aufnahme von Selfies einfinden.

Sant Joan de Labritja ➡ B9

Die Gemeinde, die nach dem Ort benannt ist, vereint weite Teile des Inselnordens auf sich. Die Zahl von 6000 Einwohnern beweist, wie dünn die Region auch heute noch besiedelt ist. Davon entfallen nur rund 1000 auf den Hauptort, der sich dennoch zu einer Art Zentrum für Individualtouristen gemausert hat. Das mag daran liegen, dass kaum eine Siedlung einen derart gepflegten Eindruck hinterlässt: Überall buhlen Blumen und liebevoll gestaltete Häuser um Aufmerksamkeit. Dazwischen befinden sich ein paar traditionelle Bars, in denen Einheimische Tortillas essen und Fußball schauen. In diesem schö-

Die Wehrkirchen Ibizas

Die Kirche von Sant Joan de Labritja

Sie sind der Mittelpunkt jedes Dorfes und sie sind nicht nur wegen ihres strahlend weißen Anstrichs weithin sichtbar: die Kirchen Ibizas. Oft stehen sie in exponierter Lage oben auf einer Hügelkuppe. Und egal, ob sie an der Küste oder im Inland gebaut wurden, sie weisen auch architektonisch viele Ähnlichkeiten auf: Der Körper der Sakralbauwerke ist auffällig wuchtig, die Mauern sind dick. Fenster und Türen derweil scheinen so klein, wie nur eben möglich. Die Glocken sind eingefasst in eine Art Giebelturm. Und neben dem Eingang befinden sich drei vertikal und horizontal versetzte Kreuze. All das verleiht den Kirchen nicht nur eine erhabene Aura. Viel mehr bleiben sie auch in der gnadenlosen Sommerhitze kühl. Doch diese Aspekte haben bei der Entwicklung des Baustils allenfalls eine Nebenrolle gespielt. Viel mehr waren die Trutzburgen immer dann der wichtigste Zufluchtsort für die Bevölkerung, wenn es mal wieder jemand auf die Insel abgesehen hatte. Schon seit den Anfängen der Schifffahrt mussten sich die Ibizenker stets gegen Eroberer, Piraten und andere Eindringlinge zur Wehr setzen. Bis zur Entwicklung schwerer Geschütze boten ihnen die Kirchen davor Schutz. Doch so richtig überzeugt von der Wehrhaftigkeit war man offenbar nicht, denn alle Gotteshäuser auf der Insel sind nur spärlich mit den sonst so weit verbreiteten Schätzen ausgestattet.

Sonntag ist Markttag in Sant Joan de Labritja

nen Umfeld haben sich neuerdings einige gute Restaurants angesiedelt. Hinzu kommen geschmackvolle Geschäfte und der sonntägliche Markt. Hauptsehenswürdigkeit aber bleibt die prächtige Wehrkirche aus dem 18. Jahrhundert, deren Eingang von der Skulptur eines Monsignores bewacht wird.

The Giri Café ➡ B9
Plaza España 5
Sant Joan de Labritja
✆ 971 33 34 74
www.thegiricafe.com
Tägl. ab 10 Uhr
Dieses geschmackvoll durchgestylte Restaurant hat sich innerhalb weniger Jahre vom Geheimtipp zu einem der populärsten der Insel aufgeschwungen. Die Küche setzt auf mediterranes Fusion Food mit asiatischen Anklängen und eine aufwendige Herrichtung. Auch die Cocktails sind eine sichere Bank. Bei gutem Wetter lockt ein Platz in der Gartenlaube.
€€€

Sonntagsmarkt ➡ B9
Ortszentrum, Sant Joan de Labritja
So 10–16 Uhr
Lokale Produkte wie Hierbas, Honig und das Craft Beer von Ebisus, dazu ein paar Kosmetika, Gebrauchsgegenstände und Kleidung werden sonntags im Zentrum angeboten. Dazu treten in familiärer Atmosphäre Musiker auf. Weil an mancher Kleiderstange auch das ein oder andere Batik-Shirt hängt, wird auch dieses schöne Event in manchen Publikationen als Hippiemarkt geführt.

Ducks United ➡ B9
Sant Joan de Labritja
✆ 624 47 13 75
www.ducksunited.com
April–Okt.
Ab € 153/Tag
Mit der »Ente« cruisen: Die Hippie-Zeiten leben fort auf Ibiza. Wer sich stilecht auf der Insel fortbewegen möchte, wählt die 2CV-Vermietung Ducks United, hinter der sich ein karitatives Projekt verbirgt. Harte Kupplung und weiche Federung garantiert!

Sant Llorenç de Balàfia ➡ C8

Wer die Insel auf eigene Faust erkundet, dürfte sich bald an den Anblick von Sant Llorenç gewöhnen, denn zwei wichtige Verbindungsstraßen führen entweder durch den Ort oder dicht daran vorbei. Besonders auffällig ist die strahlend weiße Kirche mit dem charakteristischen Glockenturm. Etwa einen Kilometer östlich vom Ortskern befindet sich das winzige Dorf Balàfia, das auf das 16. Jahrhundert zurückdatiert. Es verfügt neben einigen sehenswerten Häusern über drei trutzige Wehrtürme, die über das Umland wachen. Erreicht werden kann es lediglich über einen Feldweg, doch der Umweg lohnt: Vor Ort wähnen sich Besucher in einer längst vergangenen Zeit.

Paloma Ibiza ➡ C8
Calle Can Pou 4
Sant Llorenç de Balàfia
✆ 971 32 55 43
www.palomaibiza.com
Tägl. 12.30–16.30 und 19.30–23.30 Uhr
Das betont familienfreundliche Lokal befindet sich in ländlicher Umgebung, serviert wird italienische Küche nach traditionellen Rezepturen. Viele Zutaten stammen gar von der anderen Seite des Mittelmeers. Nachteil der vielen Pluspunkte: Es ist immer voll hier. €€

Es Pins ➡ C8
Carreterra Sant Joan, km 14
Sant Llorenç de Balàfia
✆ 971 32 50 34
Tägl. außer Mi 7–24 Uhr
Als wäre es von der Inselmitte bis zur Küste ein unüberbrückbar weiter Weg, hat sich dieses Traditionshaus auf deftige Fleischgerichte spezialisiert. Besonders lecker: die Lammkoteletts. Sowohl das Ambiente als auch die Speisen sind altmodisch rustikal. €–€€

Atzaró ➡ C8
Carreterra Sant Joan, km 15 (auf Schilder achten)
Sant Llorenç de Balàfia
✆ 971 33 88 38
www.atzaro.com
Tägl. geöffnet, Behandlungen nach Vereinbarung
Ab € 45
Dieses prächtige Landhotel verfügt über eine Wellness-Oase, die auch Nichtgästen offensteht. In herrlicher Umgebung finden die Besucher hier neben Sauna, Hamam, Fitnessstudio und Massagebänken auch einen Pool von ausgesuchter Eleganz vor.

Reitschule/Escuela de Equitacíon Can Mayans ➡ C8
Carretera Santa Gertrudis a Sant Llorenç, km 3 (auf Schilder achten)
Sant Llorenç de Balàfia
✆ 971 18 73 88

Weinanbau auf Ibiza

Weiß und kubisch: Die Ibiza-Architektur

Ibiza wird in den Medien nicht zuletzt aufgrund der vielen Promis als Stilhochburg gefeiert. Die charakteristische Architektur leistet ebenfalls einen nicht unwesentlichen Beitrag. Die traditionell flache Bauweise der Landhäuser mit ihren vorzugsweise kleinen Fenstern diente dabei ebenso wie die strahlend weiße Farbe dem Zweck, die Hitze nicht in die Gemäuer zu lassen. Die unbezahlbaren Fincas neueren Datums scheinen diesen Baustil oftmals zu zitieren. Dies aber gilt nur für die Vorderseite und die Seitenwände: Nach hinten hinaus öffnen sich die Häuser meist zu einem großzügigen Garten mit Pool. Die Klimaanlagen der Gegenwart und der verschwenderische Umgang mit Energie und Wasser machen es möglich. Nachhaltig ist das nicht. Aber in Hochglanzmagazinen macht es sich gut.

Tägl. außer Mo 9.30–13 und 17–20 Uhr
Auf dem großzügigen Übungsgelände der Finca Can Mayans mit einer Fläche von 15 000 m² stehen den Besuchern 42 Pferde zur Auswahl. Es werden ganzjährig Kurse für Kinder ab 8 Jahren angeboten. Geübte Reiter können an Ausritten teilnehmen.

Opening im Hotel Atzaró
➡ C8
Letztes Märzwochenende
Inoffizielle Saisoneröffnung mit großem Programm und bis zu 18 000 Gästen.

Sant Mateu d'Albarca ➡ C6

Das kleine Dorf ist umgeben von roter Erde und Ölbäumen. Dem aufmerksamen Betrachter aber fallen auch die Weinstöcke auf, die in der Gegend gut gedeihen. So konnte Sant Mateu zum inoffiziellen Zentrum des ibizenkischen Weinbaus aufsteigen. Etwa 3,5 Kilometer nördlich befindet sich die unerschlossene Bucht Cala d'Albarca, die auf verschlungenen Wegen erreicht werden kann (Schildern zur »Puente de Piedra« folgen). Landschaftliches Highlight ist eine schmale Naturbrücke.

Can Cires ➡ C6
Ortsmitte, Sant Mateu d'Albarca
✆ 971 80 55 51
www.restaurantecancires.com
Tägl. 11–24 Uhr
Beliebtes Restaurant mit großer Außengastronomie und avancierter ibizenkischer Küche, die der elsässische Koch saisonabhängig mit Einflüssen aus seiner Heimat kombiniert. Auch gut für Tapas und eine »caña« (ein kleines Bier).

Bodega Can Maymó ➡ C6
Etwa 1,5 km östl. von Sant Mateu an der Straße nach Sant Miquel (SN-2), auf Schilder achten
✆ 971 80 51 00
www.bodegascanmaymo.com
Kleines Weingut, das fünf verschiedene Weine produziert, die vor Ort erworben werden können.

Sant Miquel de Balansat

➡ B/C7
Das größte Dorf des Inselnordens weist trotz seiner Lage an der Schnellstraße von Eivissa noch wenig Spuren des Tourismus auf.

Die Kirche bildet auch in Santa Agnès de Corona den Mittelpunkt

Vielleicht würde es dem Besucher auch nicht weiter auffallen, wenn es nicht um einen markanten Hügel gebaut wäre, auf dem eine imposante Wehrkirche aus dem 14. bis 16. Jahrhundert thront. Zum Gesamtensemble gehören neben der Kirche auch einige Kapellen sowie ein Friedhof. Vom Hügel Puig d'en Missa sind weite Teile der Umgebung gut einsehbar.

Aubergine ➡ C7
Schnellstraße nach Sant Miquel, km 9,9 (PM-804)
Sant Miquel de Balansat
✆ 971 09 00 55

Traditionelle Häuser in Sant Miquel de Balansat

www.auberginei biza.com
Mi–So 10–18 Uhr
Dieses in einem hübschen Anwesen mit schattigem Patio gelegene Restaurant ist noch recht neu. Als eines der wenigen auf der Insel legen die Inhaber Wert auf ein gutes Angebot für Vegetarier. Die Gerichte weisen neben mediterranen Zutaten auch orientalische Ingredienzien auf. Kleiner Wermutstropfen ist der Verkehrslärm, der von der nahen Schnellstraße in den Garten dringt. €€€

Santa Agnès de Corona

➡ C4/5

Das winzige Dorf mit 400 Einwohnern weist die typischen Qualitäten Ibizas auf: weiß getünchte Häuser, deren Lage in einer farbenfrohen Landschaft Sehnsüchte nach einem Leben als Aussteiger weckt. Touristen in größeren Zahlen finden meist nur von Ende Januar bis Mitte Februar den Weg auf das Hochplateau. Abhängig vom Fortschritt der Vegetation stehen dann Hunderte Mandelbäume in voller Blüte – ein prächtiges Schauspiel.

Der Südosten und die Inselmitte

Deutlich weniger Hügel, dafür längere Strände und viele Ebenen. So gibt sich Ibiza südlich einer imaginären Linie, die von Es Figueral über Sant Llorenç bis nach Sant Rafel reicht. Die Topografie macht den Bau von Siedlungen deutlich einfacher als in anderen Teilen der Insel. So wundert es nicht, dass hier mit Santa Eulària (knapp 20 000 Einwohner) die drittgrößte Stadt der Insel herangewachsen ist. Die langen Strände, die fehlenden Klippen und die deutlich einfachere Fortbewegung machen den Südosten zu einem vor allem bei Familien beliebten Reiseziel.

Erst kurz vor Eivissa wird die Küste wieder schroffer. Das Hinterland in der Inselmitte besticht derweil durch reizvolle Landschaften. Santa Gertrudis de Fruitera scheint mit seinen intakten Dorfstrukturen und seinem großen gastronomischen Angebot immer mehr die Rolle der bevorzugten Anlaufstelle für Genießer anzunehmen. Sant Rafel hingegen bleibt durch seine Lage an der Nord-Süd-Schnellstraße und den dort heimischen Riesen-Clubs ein Fall für sich.

Cala Llonga ➡ E9

Rund um eine tief eingeschnittene Bucht gelegen, hat sich Cala Llonga zu einer Hochburg des Tourismus entwickelt. Aufgrund der vielen Hotels und Ferienwohnungen kann es an dem kaum 300 Meter breiten Strand schnell eng werden. Auf der Habenseite jedoch steht, dass die flacheren Gewässer durch ein Netz vor den Quallen geschützt sind, die auf Ibiza immer wieder in großen Populationen vorkommen. Außerdem bilden die bewaldeten Hänge einen ansehnlichen Kontrast zu den Blauschattierungen des Wassers. Die touristische Infrastruktur ist gut ausgeprägt.

Amante ➡ F9
Cala Sol d'en Serra
Santa Eulalia
✆ 971 19 61 76
www.amanteibiza.com
Mai–Okt. tägl. 11–2 Uhr
Jenseits des Hügels, der Cala Llonga im Süden begrenzt, befindet sich in einer Entfernung von etwa 1,2 km dieser grandiose Beach Club: Wer mag, kann direkt über dem Wasser dinieren. Populär sind auch das Yoga-Frühstück sowie die Filmnächte unter freiem Himmel. €€€–€€€€

Sant Rafel ist bekannt für seine Keramikwerkstätten

Belebter Strand von Cala Nova

Cala Nova ➡ D10

Nur rund zwei Kilometer nördlich von Es Canar breitet sich diese Bucht aus. Da die Wellen hier meist niedrig sind und der Strand zudem überwacht wird, eignet sich die Cala Nova vor allem für Familien mit Kindern. Die gastronomische Versorgungslage ist indes für jeden attraktiv.

Es Restaurant de Atzaró ➡ D10

Cala Nova, Es Canar
✆ 971 07 82 28
www.atzaro.com
Tägl. ab 11 Uhr
Die Küsten-Dependance der gleichnamigen Finca ist stilvoll, schick und beneidenswert gelegen. Die Küche serviert Seafood, Snacks und Cocktails zu gehobenen Preisen. Passend zum Standort an einem familienfreundlichen Strand glänzt das Lokal mit einer Kinderecke. €€€–€€€€

Can Colomaret ➡ D10

Carrer Cala Nova 1, Cala Nova
✆ 627 35 81 97
Mai–Sept. tägl. ab 11 Uhr
Simpler Strandpavillon, der von einer Familie mit viel Leidenschaft geführt wird. Spezialität des Hauses sind die Sardinen. Mit Liegestuhlverleih. €–€€

Cala Talamanca ➡ F/G7/8

Wo die Ausläufer der Neustadt Eivissas enden, beginnt die Bucht von Talamanca. Der weitläufige Strand lockt vor allem Einheimische an. Gesäumt wird er von einem mit Holzplanken ausgelegten Weg, den auch Jogger zu schätzen wissen. Am Ostrand der Bucht warten zwei anständige Restaurants, die einen herrlichen Ausblick auf Dalt Vila, die Altstadt von Eivissa, bieten.

Sa Punta ➡ G8

Es Pouet de Talamanca
Santa Eularià
✆ 971 19 34 24
www.sapuntaibiza.com
Tägl. 12–3 Uhr
Das Lokal lockt mit freundlicher Atmosphäre und einer sonnigen Terrasse, die sich auf einem Felsen ausbreitet. Die Küche preist gerne die ultramoderne Raw Bar an, die unter anderem diverse Ceviche-Kompositionen bereithält. Das Abendlicht ist ein Träumchen. €€€€

Es Canar ➡ D10

Nach Sant Antoni ist Es Canar der vielleicht touristischste Ort Ibizas. Die Auswahl an Hotels und Ferienanlagen ist ebenso ausgeprägt wie

Die Hippies und ihre Märkte

Ursprünglich galten Hippies ja eher als Idealisten. Schon bald nachdem sie in den 1960er Jahren die Qualitäten Ibizas für sich entdeckt hatten, wurden sie sich jedoch der Tatsache gewahr, dass das Leben auf der Insel nicht ganz ohne Geld möglich sein würde. Also begannen sie mit Waren zu handeln, die ihrem Lebensstil entsprachen: selbst gemachtem Schmuck, Kosmetika ohne Konservierungsstoffe und Verwendung tierischer Produkte, die typischen weißen Blusen für Damen oder auch die unvermeidlichen Batikhemden. Das Konzept kam an – und schnell stellte sich heraus, dass an einigen Aussteigertypen exzellente Geschäftsleute verloren gegangen waren. Heute nämlich sind die »Hippymärkte« (wie man vor Ort zu schreiben bevorzugt) ein Markenzeichen Ibizas. Am größten sind die in **Punta Arabí** und 6 **Las Dalias**. Die Betreiber des letztgenannten Marktes sind gar so erfolgreich, dass sie neuerdings mehrmals pro Jahr Gastspiele im Ausland geben. Am liebsten in Amsterdam, Berlin und anderen Hochburgen alternativer Lebensformen.

das Angebot an Strandaktivitäten oder die Gastronomie. Vor Ort gilt ein ungeschriebenes Gesetzt der Branche: Der Mangel an Exklusivität wird durch ein niedriges Preisniveau ausgeglichen. Die mit Abstand bekannteste Attraktion zieht jeden Mittwoch zusätzliche Touristenströme an: Punta Arabí, der wohl größte Hippiemarkt der Insel.

Ca's Pagès ➡ D10
Carrer San Carles km 10, Es Canar
✆ 971 31 90 29, www.caspages.es
Tägl. außer Mo 13–16 und ab 19.30 Uhr
Dieses von zwei Schwestern betriebene Restaurant gehört zu den besten Traditionsadressen der Insel. Bekannt ist es vor allem für das gegrillte Fleisch und die Sobrasada, eine einheimische Wurst. Im Winter sorgt ein offenes Feuer für Behaglichkeit. €€€

Punta Arabí ➡ D10
www.hippymarket.info
Jeden Mittwoch von 10–18 Uhr
Batikhemden, heimisches Kunsthandwerk, bunte VW-Busmodelle und naturnah hergestellte Kosmetika. All dies ist auf dem Marktgelände schon seit 1973 erhältlich, als auf der (inzwischen in die Jahre gekommenen Ferienanlage) erstmalig ein »Hippy Market« (so die merkwürdige Schreibweise der Einheimischen) ausgetragen wurde. Inzwischen wurde die Produktpalette um allerlei Kitsch und Kurioses erweitert. Wer zum Beispiel schon immer einen Damenschlüpfer gesucht hat, auf dem das Konterfei von Frida Kahlo zu sehen ist, die ein T-Shirt der französischen Elektropop-Band Daft Punk trägt, wird hier fündig. Lustig also ist der Besuch allemal.

Nuestra Señora de Jesús
➡ F7

Unscheinbare Vororte? Gibt es auch auf Ibiza. Jesús, wie die vor den Toren Eivissa gelegene Siedlung kurz genannt wird, fällt durch einige exklusive Wohngebiete auf, hat dem Touristen aber eher wenig zu bieten. Neben einer Handvoll Restaurants wäre da noch eine Kirche mit weiß gekalkten Torbögen und einem beeindruckenden Altar, die auf das 15. Jahrhundert zurückgeht.

Marc's ➡ F7
Carretera Cala Llonga, km 0,6, Jesús
✆ 971 31 62 45
www.restaurante-marcs-ibiza.com
Tägl. 13–15.30 und 19–24 Uhr
Als vornehmer Landgasthof in verkehrsgünstiger Lage genießt das Lokal auch einen gewissen Ruf als Society-Treffpunkt. Die Küche ist mediterran mit Ausflügen nach Asien. Im Frühjahr gibt es eigens importierten Spargel aus Bruchsal. €€€

Supermercado Toni ➡ F7
Carretera Sant Joan, km 4
Ca Na Negreta
✆ 971 31 28 09, tägl. 7.30–22 Uhr
Herzlose Supermärkte sind auch auf der Insel eher Regel als Ausnahme. Dieser unscheinbare Laden ist eine wunderbare Alternative, der aufgrund seiner Lage an der Ausfallstraße von Eivissa nach Santa Eularià außerdem gut gelegen ist. Neben gut sortiertem Alltagsbedarf und Frischetheken befinden sich nahezu alle lokalen Produkte im Sortiment. Das Personal hat zudem immer ein Lächeln auf den Lippen.

Sant Carles de Peralta ➡ C10

Das beschauliche Dorf Sant Carles war in den 1960er Jahren das Oberzentrum der Hippiekultur. Bei der Wahl ihrer Kapitale haben diese einen guten Geschmack bewiesen, denn der Ort ist herrlich in einem fruchtbaren Tal gelegen, das von Obstplantagen durchzogen ist – und bis zum Meer sind es auch nur fünf Kilometer. Die Hippies allerdings sind auch verantwortlich für die massiven Verkehrsprobleme, mit denen sich Sant Carles immer samstags konfrontiert sieht. An diesem Wochentag nämlich findet kurz vor der Ortsgrenze der Hippiemarkt 6 **Las Dalias** statt, der mittlerweile zum Pflichtprogramm aller Ibiza-Besucher inklusive Kreuzfahrern gehört.

Can Curreu ➡ C10
Carretera San Carlos, km 12
✆ 971 33 52 80
www.cancurreu.com
Dieses wunderbare Landhotel lockt mit seinem guten Restaurant auch Gäste von außerhalb an. An lauen Abenden mundet das (keineswegs billige) auf inter-

Landhotel Can Curreu in Sant Carles de Peralta

nationalen Geschmack ausgerichtete Menü besonders gut auf der Terrasse. €€€–€€€€

Bar Anita ➡ C10
Lugar Barri San Carlos, Sant Carles
✆ 971 33 50 90, tägl. 7–1 Uhr
In diesem legendären Lokal haben so einige Gespräche über alternative Lebensmodelle stattgefunden, denn die Bar Anita war jahrzehntelang der ultimative Treffpunkt der Inselhippies. Die Briefkästen an den Wänden zeugen von vergangenen Zeiten: Hier holten sich all jene ihre Post ab, die in den entlegeneren Teilen der Insel lebten. Auch ihre gemeinsame Telefonzelle steht noch in der Bar, die heute ein angenehm nostalgisches Flair besitzt. Auf den Tisch kommen klassisch spanische Gerichte. €–€€

6 **Las Dalias** ➡ C10
Carreter Eivissa–Sant Carles, km 12
https://lasdalias.es
Sa 10–18, April–Okt bis 20 Uhr, Juni–Sept. auch Mo/Di 19–1 Uhr
Dieser Hippiemarkt dürfte zusammen mit dem Café del Mar und dem Pacha um den Titel der bekanntesten Marke Ibizas ringen. Die mehr als 200 Stände und Geschäfte werben damit, von Schuhen über Ketten bis hin zu Seife und Kaftanen überwiegend ibizenkische Produkte im Angebot zu haben, was aber wenig am kommerziellen Charakter ändert. Unterhaltsam ist ein Besuch des erstmals Ende 1985 auf dem Gelände einer Bar abgehaltenen Marktes dennoch. In den Sommermonaten werden die Kunden zur hippen Variante in Form eines Nachtmarktes gebeten.

Luna Llena de Art ➡ C10
Carreter Eivissa–Sant Carles, km 12
www.art-club-ibiza.com
Wechselnde Termine
Kunstnachtmarkt auf dem Gelände des Hippiemarktes Las Dalias.

Eine der bekanntesten Marken der Insel: die Hippiemärkte

Bei den Organisatoren handelt es sich um den Art Club Ibiza, einen Zusammenschluss von Inselkünstlern. Mit wechselnden Performances, Video-Projektionen und Installationen.

Sant Rafel de sa Creu (oder Forca) ➡ E6

Vermutlich kümmert es nicht allzu viele Besucher, doch technisch gesehen befinden sich das Amnesia, das Privilege und das Underground allesamt auf dem Grundgebiet von Sant Rafel. Das ist natürlich ausschließlich auf die Lage des Dorfes in der Inselmitte und auf die einzige autobahnähnliche Nord-Süd-Verbindung des Eilands zurückzuführen. Für den Ort als solches interessiert sich die im Disco-Bus fahrende Allgemeinheit kaum, dabei hat er ein paar attraktive Ecken: Der Blick auf Eivissa könnte kaum besser sein und das einzige Hippodrom der Insel verbreitet folkloristischen Charme. Außerdem künden noch einige mit Ladenlokalen kombinierte Werkstätten von der Vergangenheit des Ortes als Zentrum des Töpferhandwerks.

Amnesia ➡ E6
Carretera Sant Antoni, km 5
Sant Rafel
✆ 971 19 80 41, www.amnesia.es
Mai–Anfang Okt.
Eine der größten, bekanntesten und zugleich legendärsten Discos der Welt: Das Amnesia hat 1976

eröffnet, zunächst Giganten wie David Bowie, Bob Marley und Madonna auf der Bühne willkommen geheißen, um nach dem Siegeszug von Techno und House zu einer Spielstätte für elektronische Musik zu werden. Bis in die Gegenwart legt während der Saison am Montagabend kein Geringerer als Sven Väth auf.

Privilege ➡ E6
Carretera Sant Antoni, km 7
Sant Rafel, ✆ 971 19 80 41
www.privilegeibiza.com
Mai–Okt.
Ob man die größte Disco der Welt besuchen möchte, muss wohl jeder Partygänger für sich entscheiden. Unabhängig davon ist das maximale Fassungsvermögen von 14 000 Besuchern ein beeindruckender Superlativ, der von der Inszenierung des DJs würdig orchestriert wird: Dieser durfte bis zuletzt auf einer im Club-Pool schwimmenden Insel auflegen.

Underground ➡ E6
Carretera Sant Antoni, km 7
Sant Rafel
✆ 971 19 80 15
www.ibizaunderground.com
Mai–Okt.
Der kleinste Club des Ortes residiert in einer umgebauten Finca. Kenner wissen, dass sich der DJ-Nachwuchs hier auf größere Aufgaben vorbereitet. Die breite Masse checkt hier ein, um später in einen der beiden Großclubs weiterzuziehen.

Die Wehrkirche Puig d'en Missa Santa Eulària

Icardi ➡ E6
Can Ferreret 42, Sant Rafel
✆ 971 19 81 96
www.ceramicasicardi.es
Tägl. 10–18 Uhr
Traditionsbetrieb des gleichnamigen Keramikmeisters, der althergebrachte Gepflogenheiten wahrt und doch künstlerische Ambitionen hegt.

Töpfermarkt ➡ E6
Sant Rafel
Juni–Sept. Do 19–23.30 Uhr
Die ibizenkische Erde eignet sich zum Töpfern nicht. So konnte sich Sant Rafel nur dank einschlägiger Rohstoffimporte zur Keramikkapitale der Insel aufschwingen. Ihre Waren bieten die Handwerker bis in die Gegenwart beim Töpfermarkt an. Mit bis zu 60 Ständen handelt es sich um eine manchmal unterschätzte Attraktion.

Santa Eulària ➡ E9

Die Hauptstadt des Inselostens nimmt mehrere Funktionen wahr: Sie ist ein authentischer Ort, in dem Einheimische ihren Geschäften nachgehen. Gleichzeitig fungiert sie als Oberzentrum des Familientourismus. Hauptattraktionen sind die wunderbare **Wehrkirche Puig d'en Missa**, das mithilfe von EU-Geldern aufgehübschte Flussufer, der weitläufige Strand und die unverfälschte Markthalle. In der Fußgängerzone mit ihren vielen Restaurants, Bars und Cafés wird jeder fündig.

Oficina de Turismo ➡ E9
Carrer Maria Riquer 4
07840 Santa Eulària
✆ 971 33 07 28
www.santaeulalia.net

Wasser: Ein kostbares Gut

Wer die Landkarte sorgfältig studiert, wird bald feststellen, dass Ibiza eine Insel ohne Seen ist. Trotz der vielen Hügelketten sind auch andere Gewässer eine absolute Rarität. Genau genommen existiert auf dem Eiland mit dem Riu de Santa Eulària nur ein einziger Fluss. Doch auch dieser führt oftmals kaum oder gar kein Wasser. Bei nur 46 Regentagen, einer durchschnittlichen Niederschlagsmenge von knapp 450 Millimetern und rasant steigenden Einwohner- und Besucherzahlen wird das Thema Wasserversorgung von Jahr zu Jahr brisanter. Viele Einheimische verwenden schon jetzt Auffangtonnen, um ihre Bedürfnisse abzusichern. Entsalzungsanlagen sorgen für weitere Entlastung. Dies aber ändert nichts daran, dass große Mengen Trinkwasser vom Festland importiert werden müssen. Um die Aufmerksamkeit auf das wichtige Thema zu lenken, wurde in Ibizas Schulen Wasserkunde als Schulfach eingeführt. Der Dringlichkeit sollten sich auch alle Besucher bewusst sein, die gerne lange und oft duschen.

Puig d'en Missa → E9

Wer aus Richtung Eivissa erstmalig mit dem Auto anreist, erlebt kurz vor Santa Eulària einen Moment, der vor allem bei Dunkelheit erhaben ist. Immer dann wird die Wehrkirche auf dem 52 m hohen Hausberg angestrahlt – ein majestätischer Anblick. Die Kirche wurde 1568 vom Architekten Giovanni Batista Calvi errichtet, der auch die Stadtmauer von Eivissa geplant hat.

Von innen ist der Bau wie alle Wehrkirchen erstaunlich karg, das Gesamtensemble aber ist ein beeindruckender Augenschmaus: Die weiß gekalkten Mauern der verschiedenen Gebäude werden zum Teil von Bougainvilleen umrankt, knorrige Kakteen und vereinzelte Zypressen komplettieren das Bild.

Auch der Friedhof kann besichtigt werden, der sich mit in Schaukästen platzierten Urnen merklich von zentraleuropäischen Ruhestätten unterscheidet.

Auf dem Weg hinauf passiert man den Bauernhof Can Ros, in dem sich das kleine und eher unbedeutende **Museu Etnològico** befindet. Es ist den Bräuchen und Traditionen Ibizas gewidmet.

Shop in Santa Eulària

Riu de Santa Eulària → E9

Der Fluss und seine Mündung sind alleine schon deshalb etwas Besonders, weil es sich um das einzige nennenswerte Gewässer Ibizas handelt. Seit einigen Jahren wird er auf der Ostseite von der Fortsetzung des Uferboulevards flankiert, der sich bald als mit Schautafeln illustrierter Lehrpfad entpuppt. Ehe der örtliche Wasserfall und eine Mühle erreicht sind, erfahren Interessenten Wissenswertes über Flora, Fauna und Kulturgeschichte. Ein Spaziergang macht selbst dann Spaß, wenn der Fluss kein Wasser führt, was in Sommer und Herbst eher die Regel als die Ausnahme ist.

Ökobauernhof Can Muson → E9

Carretera Santa Eulària, km 11 (Abzweig Cala Llonga, Schildern folgen)

Santa Eulària
✆ 971 33 93 46
www.ibizacanmuson.com
Tägl. 9–19 Uhr
Noch existieren auf Ibiza ausreichend große Freiflächen. So bleibt Platz für dieses Ökolandgut, wo Kinder auf einer Fläche von 65 000 m² Schweine füttern, Mandeln knacken und Bio-Obst verkosten können.

Platja de Santa Eulària ➡ E9
Mit knapp unter 500 m fällt der Stadtstrand recht breit aus. Gleichwohl kann es hier in der Hauptsaison so voll sein, dass ein Ausweichen auf den weiter westlich gelegenen Platja des Riu (der erst am Fluss endet) angenehmer ist. Die Lokale am Stadtstrand unterbieten sich gerne mit günstigen Preisen für Bier, Wein und Sangria. Die schön gemachte Strandpromenade begleitet beide Strände und eignet sich zu den Tagesrandzeiten auch zum Joggen.

Bambuddha ➡ E9
Carretera San Juan, km 8,5
Santa Eulària
✆ 971 19 75 10
www.bambuddha.com
Tägl. 19.30–2 Uhr
Von Dim Sum bis zum neumodischen Wagyu Beef Burger serviert dieses Lokal in betont exotischem Umfeld eine panasiatische Küche. Die Sommernächte sind auch für ihre Partys berühmt. Das Restaurant befindet sich auf der außerhalb der Stadt gelegenen Food-Meile, der Hauptstraße nach San Juan. €€€

Schönes Mitbringsel: Bioöl aus der Oleoteca

Oleoteca Ses Escoles ➡ E8
Carretera Ibiza-Portinatx, km 9,8
Sant Joan de Labritja
✆ 871 87 02 29
www.canmiquelguasch.com
Di–So 13–16 und tägl. 19.30–23.30 Uhr
In einer ehemaligen Ölmühle hat dieses schicke Restaurant seine Pforten geöffnet, um die Gäste mit ambitionierter mediterraner Küche zu verwöhnen. Im angrenzenden Hausladen wird neben anderen lokalen Produkten auch das hervorragende Öl angeboten. €€€

El Naranjo ➡ E9
Carrer de Sant Josep 31
Santa Eulària
✆ 971 33 03 24
http://elnaranjoibiza.business.site
Tägl. außer Mo 13–24 Uhr
Gute einheimische Küche in schlichtem Ambiente zu fair kalkulierten Preisen. Im hübschen Innenhof befindet sich der Orangenbaum, der dem Lokal seinen Namen verleiht. €€

Es Mercat ➡ E9
Carrer del Sol, Santa Eulària
✆ 618 37 92 91
www.esmercatdesantaeularia.com
Tägl. außer So 8–14 Uhr
Ein ganz normaler Markt mit frischen Alltagsprodukten wie Fisch, Fleisch, Obst und Gemüse? Auch darauf muss auf Ibiza niemand verzichten. Die Markthalle von Santa Eulària macht vor allem

deshalb Spaß, weil sie auf die Bedürfnisse der Einheimischen ausgelegt ist, und eben nicht dem Vorhaben, Touristen irgendwelchen Nippes anzudrehen. Eine Empfehlung für Foodies.

Abenteuer Kletterwald Acrobosc ➡ D10
Avenida de s'Argamassa 77
Santa Eulària
www.acroboscibiza.com
Wechselnde Öffnungszeiten
Eintritt € 12–30
Dieser Kletterwald befindet sich in unmittelbarer Nähe zu den östlich von Santa Eulària gelegenen Badebuchten. Die Anlage verfügt über mehreren Baumrouten und einige Ziplines. Während Erwachsenen angesichts der Herausforderung gerne mal der Angstschweiß ausbricht, meistern Kinder (ab 8 J.) die Aufgabe in der Regel souverän.

Golf ➡ F8
Carretera Jesús a Cala Llonga s/n
Santa Eulària
✆ 971 19 60 52
www.golfibiza.com
Die Insel verfügt über lediglich eine Anlage. Diese hat zwei Plätze, eine mit 18 und einen mit neun Löchern.

Kandani ➡ E9
Carrer César Puget Riquer 27
Santa Eulària
✆ 971 33 92 64, www.kandani.es
Mo–Fr 9–13.30 und 16.30–20.30, Sa/So 9–13.30 und 17–20 Uhr, im Winter So geschl., ab € 17/Tag
Eine Badebucht neben der nächsten. Diesen landschaftlichen Vorzug bietet die Region östlich von Santa Eulària. Ein mit gelben Schildern gekennzeichneter Weg zeigt Radfahrern, wo es weitergeht. Die Strecke ist 32 km lang, dabei muss ein Höhenunterschied von 150 m überwunden werden. Dieser Verleih bietet Kartenmaterial und begleitete Touren an.

Das Alte Rathaus im Zentrum von Santa Eulària

Tauchschule Cala Pada ➡ D10
Cala Pada, Santa Eulària
✆ 971 33 07 55
www.diving-ibiza.com
Mai–Okt., Kurse ab € 110
Sie sind noch unerfahren beim Tauchen und fürchten eine Sprachbarriere? Nicht bei diesem Unternehmen, das als Tauchbasis zertifiziert ist und sich unter deutschsprachiger Leitung befindet. Auch Kinder ab 8 Jahren können so mühelos an Kursen mit Theorie und Praxis teilnehmen. Das Ziel lautet, den Nachwuchs Schritt für Schritt an die Erkundung der Unterwasserwelten heranzuführen.

Santa Eulalia Ferry ➡ E9
Abfahrt am Hafen
Carrer Isidor Macabich, Santa Eulària
✆ 971 33 22 51
www.ferrysantaeulalia.com
Hin- und Rückfahrt von Santa Eulària nach Eivissa € 20/11
Bootstouren haben immer etwas Meditatives. Da ist die Santa Eulalia Ferry keine Ausnahme, die neben diversen Buchten der Südküste auch den Hafen von Eivissa ansteuert. So können die Passagiere die Insel auf eine völlig neue Weise entdecken. Wer mag, kann sich sogar bis nach Formentera schippern lassen.

Die Kirche von Santa Gertrudis de Fruitera aus dem 18. Jahrhundert

7 Santa Gertrudis de Fruitera ➡ D7

Wenn man sich ein Dorf malen könnte, sähe es möglicherweise aus wie Santa Gertrudis. Der ziemlich genau in der Inselmitte gelegene Ort ist um einen zentralen Platz gruppiert, auf dem die Kirche mit ihrem ausnahmsweise ockerfarbenen Glockenturm ruht und wo an lauen Abenden Kinder spielen. Drumherum befinden sich ein paar Sträßchen mit überproportional vielen Boutiquen, Restaurants und Bars. Natürlich darf auch ein Bio-Supermarkt nicht fehlen. Etwas weiter außerhalb breiten sich meist strahlend weiße Wohnhäuser aus, die in der Summe etwa 2200 Menschen ein Zuhause bieten. Nicht wenige davon sind Zugezogene aus anderen Ländern, was für ein ungewöhnlich internationales Flair sorgt.

Wild Beets ➡ D7
Carrer Venda de Llatzer
Santa Gertrudis
✆ 971 19 78 70, www.wildbeets.com
Tägl. 9–23 Uhr
Das vegane Restaurant ist in Ibizas Vorzeigedorf der letzte Schrei. Die Gerichte sind nicht nur gesund, sondern auch geschmacklich und farblich gekonnt komponiert. Großes Angebot an Rohkost. €€–€€€

Bar Costa ➡ D7
Plaça de l'Eglèsia
Santa Gertrudis
✆ 971 19 70 21
Tägl. außer Di 8–1.30 Uhr
Eine Ibiza-Legende: In dem verschlungenen Lokal hängen die Schinken von der Decke. Zwischen den bemalten Wänden fließt das Bier in Strömen, serviert werden ebenso preiswerte wie schmackhafte (und nahrhafte) Bocadillos (Sandwiches). €

Ecocentro ➡ D7
Carrer Venda de sa Picassa 4
Santa Gertrudis
✆ 971 19 72 74
www.ecocentro.es
Tägl. 10–22 Uhr
Bio-Supermarkt mit nahezu vollständigem Sortiment und eigenem Restaurant, das sich in einem herrlich schattigen Biergarten verbirgt.

Libro Azul ➡ D7
Carrer Vénda de Parada 2
Santa Gertrudis
✆ 971 19 74 54
www.libro-azul-ibiza.com
Tägl. außer So 10.30–14, Di–Fr auch 17–20 Uhr
Sympathische Buchhandlung mit internationalem Sortiment und einem Schwerpunkt auf deutschsprachiger Lektüre.

Formentera

Eine zauberhafte Insel, die in Europa ihresgleichen sucht. Diese Aussage trifft zweifelsohne auf Formentera zu. Obwohl die Insel von Eivissa aus mit der Schnellfähre in 30 Minuten zu erreichen ist, scheint sie doch ungleich weiter abgelegen. Das liegt sicherlich auch daran, dass Formentera keinen eigenen Flughafen besitzt. Jeder Gast muss also langsam anreisen.

Doch die spärliche Zahl von 12 000 Einwohnern und die Topografie verstärken diesen Eindruck. Anders als die bergige Nachbarinsel Ibiza nämlich besteht Formentera im Wesentlichen aus einer Ebene und einer Hochebene, wo es bei entsprechender Witterung recht windig sein kann. Im Mittelalter wurden vor allem die Wintermonate als derart garstig empfunden, dass die Insel im 16. Jahrhundert völlig entvölkert war. Erst in den 1970er Jahren konnte die flächendeckende Versorgung mit Elektrizität sichergestellt werden.

Heute nun ist Formentera so beliebt wie nie zuvor. Strände und Wasserfarbe besitzen karibische Qualitäten. Kein Dorf zählt mehr als 2000 Einwohner. Unterkünfte, Restaurants und Ferieninfrastruktur sind auf hohem Niveau. Anders als auf den anderen Baleareninseln sind die Küsten nicht mit gesichtslosen Hotelklötzen zugebaut. All dies zieht vor allem Individualisten an, die selbst in den ausgebuchten Monaten Juli und August noch ausreichend Freiraum zur Entfaltung finden. Durch die hervorragende Anbindung von Ibiza eignet sich die Insel auch für einen Ausflug mit oder ohne Übernachtung. Dabei kann der Mietwagen ohne Probleme mitgeführt werden. Alternativ aber können am Hafen von Formentera auch Fahrräder oder Scooter ausgeliehen werden.

Anfahrt

Am Hafen von Eivissa ist Konzentration angesagt, denn es gibt drei Terminals. Am Stadthafen legen die Personenfähren von Trasmapi (www.trasmapi.com) und Aquabus (www.aquabusferryboats.com) ab. Am äußersten Ende des Hafens geht es in Richtung Festland. Und etwa auf halber Höhe (am Kreisverkehr der Marina die erste Ausfahrt rechts nehmen) legen die Autofähren nach Formentera ab. Laut Geschäftsbedingungen von Balearia (www.balearia.com) sollten die Kunden bis zu 90 Minuten vor Abfahrt vor Ort sein, das aber ist mit Reservierung zumindest auf der Kurzstrecke nicht nötig. 30 bis 45 Minuten reichen völlig. Tickets können leicht über das Internet gekauft werden, im Anschluss werden elektronische Bordkarten ausgestellt. Die Preise schwanken je nach Saison und Tageszeit erheblich.

Fähre nach Formentera

Cala Saona ➡ N5

Badefreuden sind an der steinigen Westküste spärlich. Diese überschaubare Bucht bildet dabei eine Ausnahme: Von Felsen eingerahmt und mit einem prächtigem Sandstrand bietet sie sich vom Toben in den Wellen bis zum Beachvolleyball für die ganze Bandbreite einschlägiger Aktivitäten an. Ein paar Unterkünfte und Restaurants gewähren auch bei längeren Aufenthalten jeden Komfort.

Chiringuito Cala Saona ➡ N5

Ein Selbstläufer im wahrsten Sinne des Wortes, denn die örtliche Strandbar ist auch im Zeitalter der Überkommunikation nur in einer Art und Weise aufzufinden: live, in Farbe und vor Ort. Das aber mindert ihren Reiz keineswegs.

8 Cap de Barbaria ➡ O5

Dies ist der südlichste Punkt Formenteras und der gesamten Balearen. Ein Schild besagt, dass es bis nach Afrika nur noch 168 Kilometer sind.

Der Weg hierhin führt durch eine zunehmend karge Landschaft, bis wie aus dem Nichts ein schneeweißer Leuchtturm das Ende der Insel markiert. Die Küste ist besonders schroff, denn sie fällt ohne Vorwarnung ins Meer ab. Dabei erinnert die Landzunge aufgrund ihrer spärlichen Vegetation und ihrer windschiefen Büsche eher an die Färöer-Inseln als ans Mittelmeer.

Der Leuchtturm als solcher kann nicht besichtigt werden, doch nur 50 Schritte weiter westlich befindet sich ein Kuriosum: Durch ein deutlich erkennbares Loch im Boden können Wagemutige zu einer Klippe hinabsteigen, die sogenannte Cova Foradada. Kennern des spanischen Kinos könnte der Ort bekannt

Kostbarer Schatz auf dem Meeresboden: Die Posidonia

Schnorchlerin über Posidonia-Seegraswiesen

Der Durchschnittstourist merkt wenig davon, doch Formentera und Ibiza sind die Heimat einer kostbaren Pflanze: der Posidonia. Die auf Deutsch als Neptungras bezeichnete Spezies gedeiht auf dem Meeresboden. Zwischen den beiden Baleareninseln befindet sich ein acht Kilometer langes Feld, das geschätzte 100 000 Jahre alt ist. Mit einer Gesamtgröße von 7650 Hektar handelt es sich um das weltweit größte Vorkommen der Pflanze. Diese filtert das Wasser, wodurch es eine sonst unerreichte Klarheit gewinnt. Doch das ist keineswegs ihr einziger Nutzen, denn Wissenschaftler haben herausgefunden, dass ein Posidoniafeld doppelt so viel Kohlendioxid speichern kann wie eine gleich große Fläche eines tropischen Regenwaldes. Somit kommt dem Gras eine enorme ökologische Bedeutung zu, welche die UNESCO für ausreichend groß befunden hat, um die Felder 1999 zum Weltnaturerbe zu erklären. Gegenwärtig gilt die Pflanze dennoch als sehr gefährdet. Sie leidet vor allem unter der extremen Zunahme von Kreuzfahrtschiffen, die mit ihrer enormen Verdrängung Schaden anrichten. Auf Formentera wurde im Oktober 2017 erstmals ein Festival zum Schutz des Neptungrases veranstaltet. Mehr dazu unter: www.saveposidoniaproject.org.

vorkommen, da hier Szenen des Spielfilms »Lucia und der Sex« gedreht wurden. Überflüssig zu erwähnen, dass es sich um einen favorisierten Ort zur Beobachtung von Sonnenuntergängen handelt.

El Pilar de la Mola

➡ N9

Das einzige »Bergdorf« Formenteras besteht im Wesentlichen aus der Hauptstraße und es zählt nicht mehr als 200 Einwohner. Um auf das auf knapp 170 Metern gelegene Hochplateau zu gelangen, muss eine Straße mit melodramatisch anmutenden Serpentinen überwunden werden. Einmal angekommen, erwartet die Besucher eine überschaubare Siedlung mit einigen Cafés, Restaurants und Geschäften.

Eine Sehenswürdigkeit ist die Windmühle, nach welcher der Ort benannt ist. Wer das klapprig anmutende Gebilde mit den sechs Flügeln begutachten möchte, muss innerhalb der Ortsgrenzen rechts in den letzten Feldweg abbiegen.

Die Mühle ist gleichzeitig Protagonist eines erstaunlichen Mythos: So soll der mittlerweile mit den Lorbeeren eines Literaturnobelpreises geschmückte Songwriter Bob Dylan diese in den ausklingenden 1960er Jahren bewohnt haben. Die Geschichte ist nicht nur unter den immer noch lebenden Hippies allgegenwärtig auf der Insel. Gleichwohl existieren keinerlei fotografisch oder anderweitig überlieferte Beweise dafür, dass der rätselhafte Barde jemals auch nur einen Fuß auf das Eiland gesetzt hat. Einem gepflegten Foto-Stopp freilich soll dies nicht im Wege stehen.

Wandern auf dem Römerweg

➡ N9

Der »alte Römerweg« besitzt als Mythos auf Formentera eine ähnliche Schlagkraft wie die Geschichte von Bob Dylan und seinem Leben in der Windmühle. Anders als die Anwesenheit des Sängers aber ist die Existenz des Pfades sehr real – und sie reicht bis in die Gegenwart. Ob es allerdings wirklich die Römer waren, die den auf die Hochebene führenden Weg mit Steinen ausgelegt haben, ist nicht einwandfrei geklärt.

Der südlichste Punkt Formenteras: Cap de Barbaria

Unabhängig davon handelt es sich um den wohl schönsten Wanderweg der Insel, der unweit des Hotels Entre Pino bei Es Calo seinen Lauf nimmt, um über eine Strecke von 1,5 km bergan zu führen. Unterwegs werden die Mühen immer wieder mit tollen Aussichten belohnt.

Ein kleiner Abstecher führt die Wanderer unterwegs auch zum höchsten Punkt der Insel, dem Hügel **Sa Talaissa** (192 m).

Can Toni

➡ N9

Plaça del Pilar 1, El Pilar de la Mola
✆ 971 32 73 77, Di–So 7–24 Uhr
Die mit Abstand älteste Bar des Dorfes blickt auf eine Geschichte von mehr als 100 Jahren zurück. Heute wird katalanische Küche zu moderaten Preisen angeboten. €€€

Can Xicu ➡ N9
Avinguda de la Mola 27
El Pilar de la Mola
✆ 971 32 73 39
www.canxicu.es
Fachgeschäft für Inneneinrichtung mit geschmackvoll ausgesuchtem Sortiment.

Hippiemarkt La Mola ➡ N9
Avenida de la Mola 65
El Pilar de la Mola
Mi, So 16–22 Uhr
Auch die auf Formentera lebenden Hippies benötigten eine Einkommensquelle. Der von ihnen ins Leben gerufene Markt erfordert keine Frühaufstehertugenden. Das Warenangebot unterscheidet sich nicht groß von den Pendants auf der Nachbarinsel.

Es Caló de Sant Agustí ➡ N8

Kurz bevor der Aufstieg auf Formenteras Kalkplateau beginnt, bittet dieser zauberhafte Flecken um Aufmerksamkeit: Eingebettet zwischen Koniferen und azurblauem Wasser hat die Natur dem Dorf auch noch den Luxus eines winzigen Naturhafens vermacht, an dem sich Fischerhütten aneinanderreihen. All dies freilich wäre nur die Hälfte wert, gäbe es westlich des Weilers nicht noch einen zauberhaften Sandstrand mit dazugehöriger Bucht.

Traditionelles Bootshaus in Es Caló de Sant Agustí

Can Daní ➡ N8
Carretera de La Mola, km 8,5
✆ 971 32 85 05
www.candaniformentera.com
Tägl. außer Mo 20–23 Uhr
Knapp 3 km westlich von Es Caló bittet eines der besseren Restaurants der Insel zum Besuch. Aus der Küche kommen moderne Gerichte unter Verwendung regionaler Zutaten. €€€–€€€€

Es Pujols ➡ M7

Das touristische Oberzentrum Formenteras hat seine Vorzüge: Es Pujols verfügt über herrliche Strände und das wunderbar farbintensive Wasser des Mittelmeers. Duftende Koniferen reichen bis weit an die Behausungen heran. Zudem ist sowohl bezüglich der Unterkünfte als auch in Sachen Gastronomie die touristische Infrastruktur die beste der ganzen Insel. Gleichzeitig aber handelt es sich mehr oder weniger um einen reinen Ferienort – und unter der Abwesenheit ständiger Bewohner leidet die Seele des Ortes dann doch.

Wer die überraschende Feststellung macht, der Ort sei fest in italienischer Hand, irrt nicht: Formentera (und vor allem seine Strände) ist außerordentlich beliebt bei Besuchern aus dem Nachbarland, die gerne auf den weitläufigen Stränden ihre Körper zur Schau stellen. Die Damen nutzen dabei die Tatsache aus, dass anders als in der katholisch-konservativen Heimat das Sonnenbad hier auch ohne Bikinioberteil gestattet ist.

Punto de Información Turistica ➡ M7
Calle Espalmador/Avenida Miramar
Es Pujols, ✆ 971 32 89 97
Mai–Okt. 10–14 und 17–20 Uhr

Chezz Gerdi ➡ M7
Camino de Sa Beuradeta

Es Pujols
✆ 648 02 01 06
www.chezzgerdi.com
Mitte März–Anfang Nov. tägl. 12–2 Uhr, in der Nebensaison kürzer
Der Vorteil der vielen italienischen Besucher: exzellente Pasta und Pizza in vorzüglicher Lage. Auch Fischfreunde und begeisterte Trinker internationaler Spirituosen kommen auf ihre Kosten.
€€€–€€€€

Chiringuito People ➡ M7
500 m nördl. von Es Pujols
✆ 630 22 17 87
Legendäre Strandbude, die an das Formentera vergangener Zeiten erinnert. Immer gut für ein kühles Bier.

Tipic ➡ M7
Avenida Miramar 164, Es Pujols
✆ 676 885 452
www.clubtipic.com
Wechselnde Öffnungszeiten
Dieser Club hat seine Pforten 1971 mit einem Konzert von Pink Floyd geöffnet. Zunächst sollte er die bevorzugte Anlaufstelle der Inselhippies bleiben. Heute hat sich das Bild gewandelt: Zwar ist das Tipic immer noch das Epizentrum des Nachtlebens auf Formentera, doch es stehen DJs an den Turntables – darunter Legenden wie Sven Väth oder Ellen Allien.

Wet for Fun ➡ M5
Carrer de Roca Plana 5 (an der Platja des Pujols)
✆ 971 32 87 32
www.wet4fun.com
Wassersportaktivitäten für die ganze Familie: Dieses Unternehmen verleiht die Ausrüstung fürs Windsurfen, SUP (Stand-up-Paddling) und Kajakfahren.

Far de la Mola ➡ O10

Formentera hat ein höchst eigenwilliges Erscheinungsbild: Während der Westen flach bis sehr flach daherkommt, wartet im Osten ein Hochplateau. Wer mit dem Fahrrad unterwegs ist und plötzlich Serpentinen vor sich sieht, kann sich glatt der Illusion eines schweren Bergpasses hingeben. Tatsächlich beträgt der Höhenunterschied nur 170 Meter.

Besinnliche Momente in Wohlfühlambiente

Doch auch danach bleibt die Strecke zum östlichsten Punkt des Eilands markant, denn die einzige Straße zeichnet sich auf den letzten drei Kilometern durch eine humorlose Gradlinigkeit aus. Sie endet an einem weißen Leuchtturm, dessen Standfestigkeit vom nimmermüden Wind seit 1861 auf die Probe gestellt wird. Das knapp 25 Meter hohe Bauwerk ist nicht öffentlich zugänglich. Es wird von einem Zaun eingerahmt – und von hoch hinausragenden Agavenblüten, deren Form auf weniger Wetterfestigkeit schließen lässt.

Die Erkundung des Umlands ist ein kleines Abenteuer, denn die Küste fällt auf spektakuläre Weise ins Meer ab. Zur Verwunderung des Mitteleuropäers verzichten die Einheimischen auf jede Art von Zäunen – ein Spektakel. Der Leuchtturm ist seit 1970 elektrifiziert. Einen kurzen Auftritt in der Weltliteratur hatte er in Jules Vernes »Reise durch die Sonnenwelt«.

Illa de S'Espalmador ➡ K6

Nördlich von Formentera befindet sich ein weiteres Eiland, das nur durch eine winzige Passage von der größeren Schwesterinsel getrennt ist: S'Espalmador. Die Insel misst in ihrer Nord-Süd-Ausdehnung immerhin 2,7 Kilometer, an ihrer breitesten Stelle kommt sie auf 1,3 Kilometer. S'Espalmador steht in seiner Gesamtheit unter Naturschutz und ist mit Ausnahme der Sommerresidenz eines Privatiers unbewohnt. Weitere Bauwerke sind der Wehrturm Torre de sa Guardiola sowie ein Leuchtturm.

Wer die Insel betritt, muss sich aus gutem Grund an eine Vielzahl von Regeln halten. Für Tagesbesucher werden Boottrips angeboten. Je nach Wasserstand ist es jedoch auch möglich, zu Fuß dorthin zu gelangen. Von dieser Variante wird jedoch aus Sicherheitsgründen allgemein abgeraten. Neben seinen weitläufigen Stränden verfügt die Insel über ein weiteres Alleinstellungsmerkmal: In der Inselmitte breitet sich eine Schlammlagune auf, die bis 2008 zu Wellnesszwecken benutzt wurde. Dies ist inzwischen ausdrücklich verboten, da es sich um ein wertvolles Rückzugsgebiet für Zugvögel handelt. Wer es nicht bis auf die Insel schafft, sollte immerhin in den Genuss ihres Anblicks kommen: Der Naturhafen an der Südwestseite ist leicht daran zu erkennen, ein beliebter Ankerplatz für Boote zu sein.

La Savina ➡ M6

Durch La Savina muss jeder Inselbesucher hindurch, denn hier befindet sich der Fährhafen – und somit alles, was mit der Anmietung von Fahrrädern oder motorisierten Gefährten in Zusammenhang steht. Das Terminal ist modern und sachlich und gefällt im Falle von Wartezeiten durch allerlei Imbisse und Cafés.

Wer nur für einen begrenzten Zeitraum auf Formentera ist und kein Gefährt hat, kann im Zweifelsfall auch zu Fuß zu den Vorzeigestränden Platja de ses Illetes und de Llevant laufen. Eine Strecke ist etwa vier Kilometer lang. Unabhängig von der Art des Verkehrsmittels führt der Weg vorbei am großflächigen Binnensee Estany Pudent, an dessen Ostrand wie in vergangenen Jahrhunderten wieder Salz gewonnen wird.

i Oficina de Información Turística ➡ M6

Die unbewohnte, unter Naturschutz stehende Insel Espalmador

Estación Marítima, 07870 La Savina
✆ 971 32 12 10
www.formentera.es
Mo–Fr 10–14 und 17–19, Sa 10–15 Uhr

Quispe ➡ M6
Estación Marítima Formentera Piso 2, La Savina
✆ 682 12 49 85, www.quispe.es
Tägl. 19–3 Uhr
Die peruanische Küche ist in Europa immer noch wenig verbreitet. Dieses nagelneue Lokal bringt die lateinamerikanischen Aromen auf die kleine Baleareninsel – inklusive dem Megatrend Ceviche (mit Koriander, Chili und Zitrone angemachter roher Fisch). €€–€€€

Blue Adventure ➡ M6
Carrer de la Almadrava 67
La Savina
✆ 636 81 74 19
www.blue-adventure.com, tägl. 9.30–13.30 und 15.30–19.30 Uhr
Tauchausflüge in kleinen Gruppen und familiärer Atmosphäre, geeignet für Taucher mit unterschiedlicher Erfahrung.

Vell Mari ➡ M6
Marina de Formentera, La Savina
✆ 971 32 21 05, www.vellmari.com
Vom Schnorcheln über Anfängerkurse für Taucher bis hin zur Erkundung der Posidoniafelder ist dieses Unternehmen auf Unterwasseraktivitäten spezialisiert.

Platja de Migjorn ➡ N7

Weite Teile Formenteras machen bis heute einen unwirtlichen und zum Teil auch einen unerschlossenen Eindruck. Wer sich davon überzeugen möchte, braucht nur einmal die Stichstraßen auszuprobieren, die von der Inselhauptstraße in Richtung Süden abzweigen. Eine Ausnahme bildet die Avinguda del Cal Marí, die zur am besten erschlossenen Stelle der Platja de Migjorn führt. Der unterschiedlich breite Sandstrand begleitet die Küstenlinie auf einer Strecke von fast sechs Kilometern. Anders als an der geschützten Nordküste kann der Wellengang hier beachtlich sein, was unter anderem zur Folge hat, dass der Strand selbst in der Hochsaison nicht komplett überlaufen ist. Auch das Nacktbaden ist hier gestattet. Im Hinterland ermöglichen einige Unterkünfte den Aufenthalt, wo die Gäste das Gefühl der Abgeschiedenheit voll auskosten können.

Platja de Migjorn

10.7 Formentera ➡ N7
Platja Migjorn, km 10,7
✆ 660 98 52 48
www.10punto7.com
Tägl. 11–1 Uhr
Familiengeführte Beach Bar, an der die Sonne Tag für Tag von Ost nach West vorbeizieht. Wer hier einmal heimisch geworden ist, kann sich nur schwer wieder lösen. Das schmackhafte Seafood erhält gerne eine japanische Note, was auch dem vorwiegend italienischen Publikum gefällt. €€

Blue Bar Formentera ➡ N7
Carretera San Ferran La Mola, km 7,8, ✆ 666 75 81 90
www.bluebarformentera.com
März–Nov., tägl. Lunch und Dinner
Da ist er wieder: Bob Dylan. Sein Name fällt regelmäßig in Zusammenhang mit dieser schrulligen Bar, welche die Stammkneipe des literarischen Musikers gewesen

soll. Doch auch hier gilt, dass Beweise Fehlanzeige sind. So bleibt Besuchern die Freude an stilisierten Aliens, die das Lokal in Form von Puppen und Skulpturen bevölkern. Auch an weiteren Geschichten über die glorreiche Vergangenheit mangelt es nicht. Die Küche ist international mit mediterranem Einschlag. €€

9 Platja des ses Illetes/ Platja de Llevant ➡ L6 / ➡ L7

Der Nordzipfel Formenteras wird von jenen feinen Sandstränden gesäumt, die in Reisekatalogen verlässlich Fernweh hervorrufen. Dank des sanfter abfallenden Untergrunds besitzt das Wasser des Mittelmeers an der Ostflanke (Platja de Llevant) einen besonders sanften Blauton, der sonst eher aus der Karibik bekannt ist. Zuweilen erhält die Farbe einen grünlichen Einschlag, was dem Auge des Betrachters besonders schmeichelt. Die an der Westflanke gelegene Platja de ses Illetes ist in der Regel noch etwas besser geschützt, weshalb die Gewässer davor das bevorzugte Revier für vor Anker liegende Boote jeder Größenordnung sind. Beide Strände gehen am Nordzipfel in eine

Karibikfeeling vor der Platja des ses Illetes

ebenso weitläufige wie breite Landzunge über, die als Es Trucadors bekannt ist. So entsprechen beide Strände dem Idealbild eines Badeurlaubs, der zum Schwimmen, Planschen, Spazierengehen oder Sonnenbaden einlädt.

Wie der Rest der Insel wird auch der Nordzipfel gerne von Italienern aufgesucht, die ihre gestählten, tätowierten und zuweilen von operativen Eingriffen optimierten Körper hier wie vor Publikum zur Schau zu stellen. Manche versüßen sich den Aufenthalt mit Italo-Pop aus mobilen Lautsprechern. Die hinter den Stränden liegenden Dünen stehen seit 1998 unter Schutz, weshalb Spaziergänge nur auf den vorhandenen Holzbohlen gestattet sind.

Es Molí de Sal ➡ L6
Platja de ses Illetes
✆ 971 18 74 91
www.esmolidesal.es
Tägl. 13–23 Uhr
Spektakuläre Sonnenuntergänge in exzellenter Lage. Diese vielversprechende Kombination ergänzt das in einer alten Mühle gelegene Lokal um vorzügliche Fischküche und eine lange Weinliste. Der ehemalige spanische König Juan Carlos und der Designer Philippe Starck sollen zu den Stammgästen gehören. €€€€

Juan y Andrea ➡ L6
Platja de ses Illetes
✆ 630 258 144
www.juanyandrea.com
Tägl. Lunch und Dinner
Das vielleicht bekannteste Lokal der Insel wurde 1971 von einem Fischer und seiner Geliebten ins Leben gerufen. Bei der Wahl des Standorts für das anfangs kleine Restaurant hätten sie keinen besseren Riecher haben können. Heute serviert die Küche am liebsten frischen Fisch und Schalentiere, was sich im Laufe der Zeit so

Wein aus Formentera und Ibiza

Der Weinbau auf Formentera und Ibiza geht zurück bis ins 13. Jahrhundert, als Katalanen die Inseln besiedelt haben. Dennoch sind Rebstöcke kein prägendes Element des Landschaftsbildes, was auch auf den hohen Wasserbedarf der Pflanzen zurückzuführen ist. Wohl aber bringen die beiden Inseln sehr gute Tropfen hervor. Formenteras Vorzeigeweingut liegt in der Nähe von Sant Francesc und heißt Cap de Barbaria (www.capdebarbaria.com), neben der gleichnamigen Rotweincuvée produziert es auch einen Wein namens Ophiusa. Beide werden aus den Trauben Cabernet Sauvignon, Merlot, Monastrell und der autochthonen Balearen-Traube Fogoneu hergestellt. Das wohl beste Weingut Ibizas trägt derweil den klangvoll-verspielten Namen Ibizkus (www.ibizkus.com). Angebaut werden sowohl weiße wie auch rote Trauben, wobei vor allem der zu 100 Prozent aus Monastrell-Trauben produzierte Rote überzeugt. Unabhängig von der Qualität aber teilen alle Weine von den Pityusen ein gehobenes Preisniveau: Die Gesamtproduktion beider Eilande liegt bei ungefähr 250 000 Flaschen pro Jahr. Dies entspricht nur einem Bruchteil der Besucherzahlen, von denen immer mehr ihr Urlaubsziel auch »schmecken« möchten. Für das Preisniveau bleibt das nicht ohne Folgen. So kostet eine Flasche Ophiusa ab Hof 18 Euro, der Ibizkus kommt auf 18,50 Euro.

einige Promis haben schmecken lassen. €€€€

Sant Ferran de ses Roques

➡ M/N7

Dieses kleine Dorf entfaltet seinen Reiz erst auf den zweiten Blick, denn die bei der Durchfahrt passierten Häuserblocks sind modern und eher unschön. Rund um den Kirchplatz aber ist Sant Ferran durchaus hübsch. Hier existiert bis in die Gegenwart ein Überbleibsel der Hippiekultur aus den 1960er Jahren: das Lokal **Fonda Pepe**. Vor allem bei deutschsprachigen Gästen und Musikfans ist jedoch eine zweite Institution bekannt, die Werkstatt von **Formentera Guitars**. Diese wird von Ekkehard Hoffmann geleitet, der vor rund 30 Jahren aus Darmstadt auf die Baleareninsel ausgewandert ist, um eine Gitarrenbauschule zu eröffnen, in der sich jeder binnen weniger Wochen ein Instrument nach eigenem Gusto anfertigen kann. Die Liste der Käufer kennt illustre Namen wie Gianna Nannini und die Toten Hosen.

Fonda Pepe ➡ M7
Calle Mayor, Sant Ferran
✆ 971 32 80 33
Schlichtes Lokal mit viel uriger Atmosphäre und großer Vergangenheit, denn hier sind in früheren Jahrzehnten allerlei Rockstars ein- und ausgegangen. Wenn kein Platz mehr frei ist, setzen sich die Gäste auch gerne auf das angrenzende Mäuerchen. Die Preise sind für die durchwachsene Qualität der Speisen mittlerweile ziemlich hoch, doch solange der Mythos lebt und die Drinks bezahlbar sind, dürfte die Marktführerschaft nicht angetastet werden. Zum Haus gehört inzwischen ein ebenso schlichtes Hostel.
€€€

Bemalte Azulejos (Fliesen) …

Formentera Guitars ➡ M7
Calle Sant Jaume 17, Sant Ferran
www.formentera-guitars.com
Mo–Fr 10–14 und 18–21.30, Sa 10–14 Uhr
Gitarrenbauwerkstatt des Diplomingenieurs Ekkehard Hoffmann. Wer sich sein eigenes Instrument bauen möchte, muss keine spezifischen Vorkenntnisse mitbringen. Die Teilnahmegebühr für einen dreiwöchigen Kurs inklusive Instrument beträgt € 2300.

⑩ Sant Francesc Xavier

➡ M/N6/7

In jederlei Hinsicht ist Sant Francesc der attraktivste Ort der Insel. Hier reihen sich strahlend weiß gekalkte Häuser mit farblich unterschiedlich abgesetzten Fensterumrandungen aneinander. Es lockt eine lebendige Fußgängerzone mit geschmackvollen Boutiquen und einer ganzen Reihe von Lokalen, die unterschiedliche Geschmäcker bedienen. Auffälligstes Bauwerk ist die trutzige Wehrkirche aus dem 18. Jahrhundert, deren Gemäuer ausreichend dick sind, um dem Gotteshaus eine Aura der Unantastbarkeit zu verleihen. Neben dem imposanten Sakralbau befinden sich vom größten Supermarkt bis zur Inselverwaltung auch alle anderen wichtigen Einrichtungen in Sant Francesc. Obwohl hier nicht mehr als 1500 Menschen zu Hause sind, herrscht ein angenehmes Flair, das schon fast urbane Qualitäten mitbringt. Ein weiterer Pluspunkt für Tagesbesucher: Bis zum Fährhafen sind es von hier aus mit dem Auto kaum mehr als fünf Minuten.

Punto de Información Turistica ➡ N6
Plaza de la Constitución
Sant Francesc
✆ 971 32 36 20
Tägl. 9–14 und 17–20 Uhr

Museu de Etnografia de Formentera ➡ M/N6
Calle Santa María 1

… zu Ehren der Virgen Milagrosa (Wundertätigen Jungfrau) an der trutzigen Wehrkirche von Sant Francesc Xavier

Sant Francesc
✆ 971 32 26 70
Mo–Fr 9–14 und 17–19 Uhr
Eintritt frei
Die Dauerausstellung dieses kleinen Inselmuseums umfasst Werkzeuge, Kleidungsstücke und Möbel, die Einblicke in das spartanische Leben auf Formentera geben, wie es bis zur Mitte des 20. Jh. gewesen ist.

Can Carlos ➡ M6
Venda de Sa Miranda Cala Saona
Sant Francesc
✆ 971 32 28 74
www.cancarlos.com
Tägl. ab 20.30 Uhr
Renommiertes Lokal mit Tischen in einem gemütlichen Garten. Auf den Teller kommen neben hausgemachter Pasta auch frischer Fisch und Fleischgerichte. Die Spezialität des Hauses sind die Desserts. €€€€

Ca Na Pepa ➡ M6
Plaça de la Constitucion 5
Sant Francesc
✆ 971 321091
www.canapepa.com
Tägl. 8–0.30 Uhr
Geschmackvolles Lokal mit gehobener italienischer Küche. Die Gäste werden hier auch gerne in der passenden Sprache angeredet. Gute Pasta, frischer Fisch und tolle Weinkarte. Kenner besuchen diese Institution auf der Insel wegen der Tostadas bereits zum Frühstück. €€€

Es Marès ➡ N6
Carrer de Santa Maria 15
Sant Francesc
✆ 971 323216
www.hotelesmares.com
Das schickste Boutiquehotel der Insel lockt mit einem durchgestylten Restaurant, dessen Speisekarte auch in New York oder Miami für Begeisterung sorgen dürfte: Roher Fisch in allen Variationen, Gemüseplatten oder Burger vom Iberico-Schwein. Neben der gemütlichen Außenterrasse sind auch die Pintxos zu empfehlen (jeden Do). €€–€€€

Big Store ➡ N6
Carrer d'Isidor Macabich 2
Sant Francesc
✆ 971 32 31 54
Diese sehr entspannte Bar glänzt in zentraler Lage mit außergewöhnlich gutem Kaffee. Die Terrasse eignet sich hervorragend zur Beobachtung der Passanten. Die farbenfrohe Einrichtung trägt Züge der amerikanischen Surfer-Kultur, was für die Zusammensetzung des Publikums nicht ohne Folgen bleibt. €

Rutas Es Boixets ➡ M7
Sant Francesc
✆ 669 57 28 96 (nach Absprache)
www.rutasesboixets.com
Ausflüge mit dem Pferd auf unterschiedlichen Routen sowie Privatunterricht für alle, die sich im Urlaub erstmals mit dem Sport befassen.

Freiluftkino ➡ M6
Jardín de ses Eres
Sant Francesc
Juni–Sept. jeden Di
Wechselnde Filme in Originalsprache unter freiem Himmel. ■

Bäckerei in Sant Francesc Xavier

Ibiza und Formentera in Zahlen und Fakten

Ibiza: Einwohner: etwa 135 000, Hauptstadt: Eivissa (50 000 Einwohner), Fläche: 572 km^2
Formentera: Einwohner 12 000, Hauptort: San Francesc (1500 Einwohner), Fläche: 82,5 km^2
Amtssprache: Spanisch (Castellano) und Katalanisch (Català)
Landesvorwahl: +34
Lage: Ibiza und Formentera gehören beide zu den Baleareninseln. Ibiza befindet sich in 80 km Entfernung zum spanischen Festland im Mittelmeer. Bis nach Formentera sind es in südlicher Richtung 15 km, die Entfernung nach Mallorca beträgt 80 km. Die Distanz nach Afrika beläuft sich Luftlinie auf rund 300 km. Geologisch betrachtet sind die Balearen eine abgesprengte Fortsetzung des andalusischen Felsengebirges.
Wirtschaft: Der mit großem Abstand wichtigste Wirtschaftsfaktor der Inseln ist der Tourismus. Gut 95 Prozent der Bewohner sind direkt oder indirekt vom Fremdenverkehr abhängig. Fischfang und Salinen sind nur noch Randerscheinungen. Die Landwirtschaft produziert vor allem Oliven, Wein, Zitrusfrüchte und andere Früchte wie Avocados.
Politik und Verwaltung: Die Balearen sind seit 1978 eine von 17 autonomen Regionen Spaniens. Das Parlament sitzt in Palma de Mallorca. Jede Insel verfügt über einen Inselrat zur Wahrung der Eigeninteressen.

Anreise, Einreise

Zentrale Anlaufstelle für fast alle Besucher ist der internationale Flughafen von Ibiza. Der Airport liegt gut fünf Kilometer westlich von Eivissa. Die Weiterfahrt nach Formentera erfolgt ausschließlich mit der Fähre. Die Flugangebote variieren je nach Saison, wobei die meisten Airlines Ibiza zum Verdruss der Insulaner nur von Mai bis Oktober anfliegen.

Fast alle größeren Flughäfen in Deutschland, der Schweiz und Österreich verfügen in der warmen Jahreszeit über wenigstens eine von Eurowings (www.eurowings.com) oder Condor (www.condor.com) angebotene Verbindung. Alternativen dazu sind die spanischen Carrier Air Europa (www.aireuropa.com) und Vueling (www.vueling.com) sowie die irische Ryanair (www.ryanair.com). Für Verbindungen vom Flughafen zum Hafen von Eivissa oder nach Sant Antoni vgl. Verkehrsmittel.

Wer mit dem Auto anreist, wählt die Fähren ab Barcelona, Valencia oder Dénia. Die Kosten für den Autotransport sind hoch. Für die Weiterfahrt nach Formentera vgl. dort bei Anreise.

EU-Bürger müssen einen gültigen Reisepass oder Personalausweis mitführen. Das gilt auch für Kinder, die einen eigenen Reisepass oder Personalausweis benötigen. Eintragungen im Pass der Eltern oder Kinderausweis sind nicht mehr gültig.

Auskunft

Spanische Fremdenverkehrsämter:

i in Deutschland:
– Lichtensteinallee 1

D-10787 Berlin
✆ (030) 882 65 43
– Myliusstr. 14
D-60323 Frankfurt/M.
✆ (069) 72 50 33
– Schubertstr. 10
D-80051 München
✆ (089) 530 74 60
www.spain.info/de
Broschüren in gedruckter Form können online bestellt werden.

i in Österreich:
Walfischgasse 8, A-1010 Wien
✆ (01) 512 95 80 11
www.spain.info

i in der Schweiz:
Seefeldstr. 19, CH-8008 Zürich
✆ (044) 253 60 50, www.spain.info

www.ibiza.travel: Das Tourismusministerium von Ibiza hat seine umfangreiche Webseite ansehnlich aufgehübscht, sie ist bisher verfügbar auf Spanisch, Katalanisch und Englisch. Eine deutschsprachige Version soll folgen.
www.formentera.es: Formenteras offizielle Seite bietet ausführliche Informationen auch auf Deutsch an.

Tourismussteuer
Am 1. Juli 2016 ist auf allen Baleareninseln die Erhebung einer Tourismussteuer in Kraft getreten. Unter heftigem Protest vieler Hoteliers und Gastronomen, die sinkende Besucherzahlen befürchten, müssen die meisten Besucher nun während ihres Aufenthalts auf Ibiza und Formentera einen bestimmten Geldbetrag abtreten. Dieser beträgt nach einer ersten Erhöhung im Jahr 2018 zwischen 50 Cent und € 4 pro Person und Übernachtung. Am geringsten ist der Aufschlag in der Nebensaison auf einem Zeltplatz oder in einem Hostel, am höchsten in Hotels der Kategorien vier Sterne plus oder fünf Sterne. Mit dem Geld sollen die touristische Infrastruktur verbessert und nachhaltige Projekte gefördert werden. Schon bei der ersten Verteilungsrunde kam auf Ibiza der übliche Unmut auf, weil die auf Mallorca ansässige Regionalregierung den Nachbarn trotz eines Übernachtungsanteils von 20 Prozent lediglich 13 Prozent der Ausschüttungen zugewiesen hat.

Automiete, Autofahren

Sehr effizient arbeiten die Anbieter von Mietwagen am Flughafen von Ibiza. Die Schalter sind bereits an den Gepäckbändern zu finden. So können Urlauber schon während der Wartezeit die Formalitäten erledigen. Die Preise sind stark saisonabhängig. Kleinwagen starten bereits bei knapp über € 100 pro Woche. Anbieter wie Auto Europe (www.autoeurope.de) oder Sunny Cars (www.sunnycars.de) vermitteln Komplettpakete inklusive aller Kilometer und Versicherungen.

Ein Navigationssystem ist auf den Inseln nicht unbedingt erforderlich. Es gilt ein Tempolimit von 80 Stundenkilometern außerhalb geschlossener Ortschaften. Nur auf der autobahnähnlichen Verbindung von Sant Antoni nach Eivissa sind 100 km/h erlaubt. Vielerorts ist Vorsicht geboten: Auf Ibiza sind viele Straßen eng, kurvenreich und steil. Die Einheimischen fallen nicht gerade durch bedächtiges oder langsames Fahren auf.

Die Promillegrenze liegt auf Ibiza bei 0,5, für Autofahrer besteht Anschnallpflicht, für Motorrad- und Mopedfahrer Helmpflicht. Gelbe Linien markieren Park- und Halteverbotszonen, blaue Linien gebührenpflichtige Parkzonen.

Diplomatische Vertretungen

Die Vertretungen auf Mallorca sind für die gesamten Balearen zuständig.

Generalkonsulat der Bundesrepublik Deutschland
Calle Porto Pi 8, 3 D
Edificio Reina Constanza
Palma de Mallorca
✆ 971 707737
www.palma.diplo.de

Österreichisches Honorarkonsulat
Carrer Paraires 23
Palma de Mallorca
✆ 971 425146
www.bmeia.gv.at

Schweizer Generalkonsulat
Antonia Martinez Fiol 6 Nr. 3 A
Palma de Mallorca
✆ 971 768836
www.eda.admin.ch

Einkaufen

Vor allem Eivissa verfügt über hervorragende Einkaufsmöglichkeiten. Typische Mitbringsel von der Insel sind weiße Blusen und andere Strandkleidung sowie lokale Produkte wie Salz, Marmeladen, Wein, Olivenöl und Nougat. Das Preisniveau reicht von moderat bis hin zu außergewöhnlich teuer – Obacht ist also geboten. Vor allem auf Formentera sind Lebensmittel spürbar teurer, was durch die abgeschiedene Insellage zu erklären ist.

Essen und Trinken

Feinschmecker kommen auf den Pityusen durchaus auf ihre Kosten. Eine lokale Spezialität wird bereits zum Frühstück serviert: *Pa amb tomàquet* (Brot mit Tomatenpüree) gilt als Grundlage für einen guten Start in den Tag. Sowohl der allgegenwärtige *jamon iberico* als auch die meisten Käsesorten gewinnen durch die Spezialität an Charakter. Wie das *Pa amb tomàquet,* haben auch die meisten anderen Insel-Gerichte eine Vergangenheit als Arme-Leute-Essen, von der sie sich im

Adressangaben

Ein Haus besitzt keine Hausnummer? Oder bei einem Restaurant finden Sie als Ortsangabe nur eine Bucht (Cala) oder einen Strand (Platja)? Das ist auf Ibiza nichts Ungewöhnliches, denn eine systematische Erfassung aller Adressen gibt es auf der Insel bis heute nicht. Bei vielen Adressen muss man sich mit der Angabe s/n (für *sense nombre*, ohne Nummer) begnügen. Wenn nicht einmal die Straße einen Namen, sondern lediglich eine Nummer besitzt, bevorzugen viele Hauseigentümer eine Angabe, die sich an den geografischen Gegebenheiten wie einem Strand oder einer Bucht orientiert. Zu Irritationen führt das gemeinhin nicht, zumal bei vielen Landstraßen wie der E-10 eine Kilometerangabe die Suche vereinfacht.

Zuge der kulinarischen Rückbesinnung auf regionale Gerichte schrittweise befreit haben.

Als Krönung auf vielen Speisekarten gilt der *Sofrit Pagès,* ein Schmortopf mit Lamm, Huhn und regional hergestellten Würsten, *Sobresada* (streichfähig mit viel Paprika). Weitere Zutaten sind *Botifarra* (frische Schweinswurst) sowie eine gesunde Portion Safran. Die vor allem auf dem spanischen Festland weit verbreitete Paella wird auf den Pityusen als *Arròs marinera* abgewandelt. Fans deftiger Fischgerichte sollten sich den *Bullit de peix* nicht entgehen lassen. Der Eintopf ist nur rezeptgetreu zubereitet, wenn Zackenbarsch oder Rochenfleisch darin verwendet werden. Ein populärer Nachtisch ist der *Flaó*, der auf Ibiza mit Minze oder Anis verfeinert wird. Nicht weniger populär ist der Brotpudding *Greixonera.*

Feinschmecker können sich auch auf eine enorme Bandbreite von Restaurants freuen. Vom einfachen Chiringuito (Strandhütte) über Tapas-Bars, den Auswüchsen der Edel-Fast-Food-Kultur (Burger und Sushi!) bis hin zum teuersten Restaurant der Welt (Sublimotion, vgl. S. 20) ist alles in Hülle und Fülle vorhanden. Auffällig und schmackhaft ist der Trend zu einer Vermischung mediterraner und asiatischer Rezepte, der in der jüngeren Vergangenheit um sich gegriffen hat. Feinschmecker sollten sich den Zeitraum von Mitte April bis Ende Mai notieren, wenn das Food-Festival Sabor Ibiza (www.ibizasabor.es) stattfindet. Sechs Wochen lang bieten die teilnehmenden Restaurants Spezialitäten und Tapas zum kleinen Preis, einige komponieren gar ganze Degustationsmenüs. Ab Mitte Oktober findet eine Herbstvariante des Festivals statt.

Der Wein der Pityusen galt lange als eher flach, doch die Winzer

Lokales Frühstück: Pa amb tomàquet (Brot mit Tomatenpüree)

machen Fortschritte. Wer den Begriff des Regionalen ein wenig weiter auszulegen bereit ist, sollte auf Dauer lieber zu Produkten aus den katalanischen Spitzengebieten Penedes und Priorat greifen – oder mallorquinische Weine probieren.

Hervorragender Abschluss eines jeden Mals ist der Kräuterlikör Hierbas, der nicht selten aufs Haus geht. Erwähnenswert ist auch der ibizenkische Kaffee, der nach mediterraner Art gepresst wird und nicht durch den Papierfilter kommt.

Feiertage, Feste, Veranstaltungen

Überregionale gesetzliche Feiertage:
Neujahr: 1. Januar
Dreikönigstags: 6. Januar
Tag der Balearen: 1. März
Gründonnerstag, Karfreitag
Tag der Arbeit: 1. Mai
Maria Himmelfahrt: 15. August
Nationalfeiertag: 12. Oktober
Allerheiligen: 1. November
Tag der Verfassung: 6. Dezember
Maria Empfängnis: 8. Dezember
Weihnachten: 25. Dezember
St. Stephan: 26. Dezember

Das Holi-Fest der Farben wird nun auch auf Ibiza gefeiert

Darüber hinaus besitzt jeder Ortschaft ihren eigenen kirchlichen Feiertag, bei dem der Namenstag des Schutzpatrons gefeiert wird. Das anschließende **Patronatsfest** kann sich über Tage und Wochen hinziehen.

Mehr Publikum als alle offiziellen Feste ziehen auf Ibiza die **Opening-** und **Closing-Partys** der großen Clubs an, die zu wechselnden Terminen meist Ende Mai bzw. Anfang September stattfinden. Immer dann ist der Celebrity-Faktor besonders hoch.

Geld, Kreditkarten

Zahlungsmittel ist der Euro. EC-Karten und gängige Kreditkarten werden fast überall akzeptiert. Lediglich in familiengeführten Lokalen kann es vorkommen, dass nur Bargeld angenommen wird. Telefonnummer zur Sperrung von EC- oder Kreditkarte (vgl. Notfälle, wichtige Rufnummern S. 82).

Hinweise für Menschen mit Handicap

Aufgrund des generellen Bemühens um eine gute touristische Infrastruktur wurde auch das Thema Barrierefreiheit angepackt. So sind auf Ibiza mehr als 20 Hotels komplett barrierefrei zugänglich. Dies gilt auch für den Strand von Santa Eulària, der sogar mit einem Siegel ausgezeichnet wurde. Speziell geschulte Mitarbeiter der Roten Kreuzes bieten vor Ort Hilfe an. Konkrete Auskünfte erteilen die örtlichen Tourist Information.

Internet

Das Netz funktioniert auf Ibiza reibungslos und schnell. Viele Cafés und Restaurants bieten kostenlose WLAN-Verbindungen an. Entsprechende Passwörter werden meist gerne verraten.

Deutschsprachige Tipps über das Inselleben aus allen Bereichen: **www.ibiza-spotlight.de**

Online-Ausgabe des unabhängigen deutschsprachigen Insel-Magazins auch mit journalisten Themen und Schlagzeilen: **www.ibiza-heute.de**

Aktuelle kulturelle Informationen über alle Baleareninseln: **www.balearsculturaltour.net**

Deutschsprachige Website über Formentera: **www.fonda.de**

Klima, Kleidung, Reisezeit

Ibiza befindet sich in subtropischen Breitengraden. Während die Sommer trocken und heiß sind, kann es im Winter recht kühl werden. Generell bieten die klimatischen Voraussetzungen Bedingungen für relativ kalkulierbares Wetter. Während des Hochsommers ächzt die ganze Insel unter der Hitze: Während Klimadiagramme im Juli und August Durchschnittshöchstwerte von knapp unter 30 Grad Celsius vermelden, kommen Spitzenwerte von bis zu 38 Grad immer häufiger vor – neuerdings auch im September. In den Nächten kühlt es auf Werte um die 20 Grad ab.

Am angenehmsten sind die Temperaturen denn auch im Mai, Juni und Oktober, wenn sich das Thermometer bei Werten zwischen 20 und 25 Grad einpendelt.

Nachtwerte um die 15 Grad versprechen einen erholsamen Schlaf.

Von November bis Mitte April wird die 20-Grad-Marke hingegen nur in Ausnahmefällen geknackt. Die Nächte sind mit Werten um die 5 Grad vor allem von Dezember bis Februar empfindlich kühl. Das gilt auch für das Mittelmeer, das im Regelfall nur von Ende Mai bis Anfang November mehr als 20 Grad misst. Im Spätwinter sind Werte um die 13 Grad keine Seltenheit. Die Niederschlagsmenge ist im Oktober am größten, doch auch September, November und Dezember können feucht und grau sein. Selbst im Januar allerdings freuen sich die Insulaner über durchschnittlich fünf Stunden Sonne pro Tag.

Für eine Reise eignet sich ohne Zweifel die Zeit von Mitte April bis Ende Mai am besten, wenn Vegetation und Tourismus zu frischem Leben erwachen. Doch auch Ende September kann Ibiza zum Niederknien schön sein.

Wie es sich für eine Urlaubsinsel gehört, ist ein Dresscode verpönt. Gleichwohl hat sich auf Ibiza eine eigenständige Mode entwickelt: Neben Variationen der Hippie-Kleidung wie Batik-Shirts handelt es sich dabei vornehmlich um weiße bis elfenbeinfarbene Oberteile, die allerorten angeboten werden. Ab Ende Mai trägt man bereits Shorts, am Abend ist ein Langarmshirt oder eine leichte Jacke und eine Kopfbedeckung zu empfehlen.

Medizinische Versorgung

Für die Reise nach Ibiza und Formentera genügt die Europäische Krankenversicherungskarte. Für zusätzliche Kosten ist eine Auslandskrankenversicherung empfehlenswert.

Das wichtigste Krankenhaus der Pityusen heißt Can Misses und befindet sich in Eivissa (✆ 971 39 70 00). Auf der Insel praktizieren zahlreiche deutsche Ärzte, in Santa Eulària gibt es sogar ein deutsches Ärztezentrum (✆ 971 33 06 70). Alle wichtigen Orte verfügen über Ärztezentren *(centros medicos)*. Die örtlichen Apotheker sind gut ausgebildet. Sie sind im Falle kleinerer Blessuren bei der Beratung behilflich. Am Hafen von Eivissa existieren drei Apotheken, von denen jeweils eine einen nächtlichen Notdienst anbietet.

Mit Kindern auf Ibiza und Formentera

Die Pityusen mit ihren vielen Badebuchten und feinen Sandstränden sind ein Paradies für Kinder. Einige Strände freilich eignen sich besser als andere, da sich hier kei-

Die tief ins Land ragende Cala Vadella ist eine Bucht für Familien

ne oder kaum Felsen im Wasser verstecken. Dazu gehören der im Südwesten Ibizas gelegene Strand Ses Salines und die Platja de ses Illetes auf Formentera. Auch die gastronomische Versorgung ist vorzüglich auf die Bedürfnisse von Kindern ausgerichtet. Die Preise vieler Beach Bars allerdings sind hoch und die Parkplätze in der Hochsaison voll.

Weitere Tipps: www.ibiza.travel/de/familia.php

Nachtleben

Ibiza gilt als ultimative Partydestination. Das Nachtleben spielt sich vor allem an der Platja d'en Bossa sowie in Sant Antoni ab. Weitere Großdiscos liegen an der Verbindungsstraße zwischen Eivissa und Sant Antoni. Während die renommierten Clubs teuer bis sehr teuer sind, sind die Drinks in vielen Bars und Kneipen preiswert bis billig. Der Osten und Norden des Eilands sind weitgehend ruhig.

Notfälle, wichtige Rufnummern

24-Stunden-Notruf: ✆ 112 (für alle Notfälle, auch dt.)
Lokale Polizei:
✆ 092 und 971 31 58 61
Nationale Polizei: ✆ 091
Krankenwagen, Ärztlicher Notdienst: ✆ 061
Kartensperrnummer (EC- und Kreditkarte): ✆ +49 116 116

Öffnungszeiten

Die Ladenöffnungszeiten sind den südlichen Temperaturen angepasst. Die meisten Geschäfte sind 9–13 oder 14 Uhr und dann wieder 17–20 Uhr geöffnet. Ausgenommen sind Supermärkte, die oft durchgehend 7–22 Uhr ihre Pforten öffnen. Banken öffnen meist Mo–Fr 8.30–14, die Postfilialen Mo–Fr 9–14, Sa bis 13 Uhr.

Post, Briefmarken

Briefmarken *(sellos)* für Postkarten und Standardbriefe innerhalb Europas kosten aktuell 0,62 Euro.

Presse

Deutschsprachige Printmedien werden täglich auf dem Luftweg angeliefert und an Kiosken zum Verkauf angeboten. Wer sich mehr für das Inselgeschehen interessiert, sollte sich das Magazin »Ibiza Heute« zulegen, das kompetent über aktuelle Themen auch nichttouristischer Art berichtet.

Rauchen

Wie im Rest Spaniens ist das Rauchen in öffentlichen Gebäuden, Restaurants, Bars und Clubs verboten.

Sicherheit

Ibiza und Formentera sind rundum sichere Reiseziele. Auf persönliche Gegenstände gilt es jedoch genauso zu achten wie in der Heimat. Vor allem sollte man keine Wertsachen im Auto aufbewahren, da in Urlaubsgebieten agierende Kleinkriminelle dort immer Beute wittern. Erhöhte Vorsicht gilt abends in Viertel Sa Penya in Eivissa, wo immer noch viel mit Drogen gehandelt wird.

Sport und Erholung

Die Auswahl an Badebuchten ist enorm. Das Wetter ist beständig gut. Und das Terrain im Hinter-

Das Mittelmeer eignet sich perfekt für jede Form des Wassersports

land ist akzentuiert. Daher ist Strandurlaub auf Ibiza und Formentera nicht die einzige Option. Viel mehr können Sportler aus einer großen Vielzahl von Aktivitäten auswählen.

Baden und Schwimmen

Die Anzahl der Badebuchten auf Ibiza wird mit 56 angegeben. Diese Zählweise aber berücksichtigt nur jene, die mit dem Auto zu erreichen sind. Auch Formentera lädt mit seinem azurblauen Wasser zum Baden. Die Saison jedoch beginnt erst Mitte Mai und sie endet spätestens Anfang November. Wer ein Boot zur Verfügung hat oder anstrengende Wanderwege nicht scheut, kann auf Ibiza noch einsame Strände finden. Für die gut erschlossenen Buchten hingegen gilt, dass sie in Stoßzeiten der Hochsaison mit ziemlicher Sicherheit überfüllt sind. Lediglich im schroffen Nordosten und an der Südküste Formenteras ist die Situation generell etwas entspannter.

Wassersport

Das Mittelmeer eignet sich perfekt für jede Form des Wassersports. Tauch- und Schnorchelausrüstungen werden vielerorts vermietet, auch Surfbretter, Stand-up-Paddles (SUPs) oder Kajaks können in den meisten Buchten angemietet werden. Wer segeln möchte, kann auswählen aus allen Bootsklassen zwischen Jolle und Katamaran. Die Preisspanne kennt dabei keine Grenzen: An der Marina Botafoch auf Ibiza werden Boote für Wochenraten im gehobenen fünfstelligen Preis angeboten.

Taucher können sich an Scuba Ibiza (www.scubaibiza.com) wenden. Das Center ist das einzige auf der Insel, das von der Organisation PADI die höchste Qualifikation erhalten hat. Zum seinem Programm gehören Exkursionen nach Es Vedrà. Windsurfer und Kajakfahrer werden bei Anfibios (www.anfibios.com) fündig. Für Segelkurse unterschiedlichen Schwierigkeitsgrads ist der Club Nautico in Santa Eulària bekannt (✆ 971 31 33 63). Wer lieber das Abenteuer sucht, kann sich unter Anleitung von Profis an entlegenen Orten der Insel im Klippenspringen versuchen (www.cliffdivingibiza.com).

Radfahren

Von der Topografie her eignet sich Ibiza perfekt zum sportlichen Radfahren: Die teils starken Steigungen bieten exzellente Trainingsmöglichkeiten, was professionell aussehende Sportler auch zu allen Jahreszeiten in Anspruch nehmen. Trotzdem ist das Radeln nicht ungefährlich: Radwege sind auf der Insel nur wenige vorhanden und der Straßenverkehr ist oftmals

Spa-Hotel Atzaró in Sant Llorenç de Balàfia

dicht. Theoretisch könnten Radler auf die abgelegenen Wege ausweichen. Diese allerdings sind oft in derart schlechtem Zustand, dass sie nur mit dem Mountainbike befahren werden sollten. Dessen ungeachtet sind auf der Insel zahlreiche Routen ausgeschildert, die aktuell überarbeitet werden. Velos jeder Art hat Bicicletas Kandani in Santa Eulària im Angebot (www.kandani.com, vgl. S. 63). Auf Formentera ist der Verkehr weniger dicht, weshalb das Radeln deutlich mehr Spaß macht.

Wandern
Wer wandern möchte, kennt auf Ibiza und Formentera nur eine Grenze: das Meer. Ibiza verfügt über ein weithin erschlossenes Terrain mit vielen Wegen, die sich zum Wandern eignen. Das Tourismusbüro hat eine Broschüre mit sieben Routen herausgegeben. Die Systematik der Beschilderung wird auch hier aktuell überarbeitet. Gratisinfos gibt es in den örtlichen Tourist Informationen. Wer sich gerne unter die Obhut von Experten gibt, wird zum Beispiel bei Wikinger Reisen fündig (www.wikinger-reisen.de).

Wellness
Rund 15 Luxusresorts und Agroturismos auf Ibiza betreiben Spas, einige locken Gäste von außerhalb mit Tagesangeboten wie das Atzaró in Sant Llorenç de Balàfia (vgl. S. 52 f.). Ansonsten ist das Angebot eher bescheiden.

Strom

Das elektrische System ist das gleiche wie in Deutschland, Österreich und der Schweiz, ein Adapter ist nicht vonnöten.

Telefonieren

Seit dem Wegfall der Roaming-Gebühren im EU-Raum gelten für den Gebrauch von Smartphones dieselben Bedingungen wie in der Heimat. Weder für Telefonate und für Kurznachrichten (SMS) noch für die Verwendung des Datenvolumens dürfen seit Mitte 2017 zusätzliche Gebühren erhoben werden. Ausgenommen sind lediglich Bilddateien (MMS) sowie in der Schweiz abgeschlossene Verträge, da das Land nicht zur EU gehört. Kostenpflichtig bleiben Hoteltelefone sowie die kaum noch auffindbaren Telefonzellen.

Trinkgeld

Technisch gesehen ist das Trinkgeld immer in der Rechnung enthalten. Gleichwohl darf der Gast seine Zufriedenheit durch einen Obolus zum Ausdruck bringen. In guten Restaurants sind Aufschläge von 5 bis 10 Prozent in Ordnung, an der Bar kann man auch mal aufrunden.

Unterkunft

Mit an die 100 000 Betten könnte die Bandbreite der Unterkünfte auf den Pityusen kaum größer sein, wobei die Wahl zugleich die Art des Urlaubs vorgibt. Obwohl Ibiza heute meist in Zusammenhang mit Prominenten genannt wird, ist die Insel immer noch ein beliebtes Pauschalreiseziel mit entsprechenden Unterkünften. Gängige Anbieter wie Neckermann und TUI betreiben entweder Hotels unter eigener Regie oder schnüren einschlägige Pakete. Formentera hingegen ist weitgehend verschont geblieben von größeren Unterkünften.

Individualreisende haben auf den Pityusen große Auswahlmöglichkeiten. Mit Abstand am schönsten sind umgebaute Fincas (Agriturismo, Landgüter). Sie sind in der Regel familiengeführt, etwas abgelegen und entsprechend intim. Neben geschmackvoll eingerichteten Zimmern verfügen sie über gepflegte Außenanlagen in der freien Natur und Pools zum Sonnenbaden. Preislich freilich sind die Unterkünfte gehoben, in der Hochsaison schlagen die Zimmer mit 200 bis 300 Euro pro Nacht zu Buche. Die großen Hotelketten sind auf Ibiza kaum vertreten. Dennoch hat die Anzahl der Vier- und Fünfsternhäuser in der jüngeren Vergangenheit stark zugenommen.

Auch bei den Ferienwohnungen ist die Auswahl beträchtlich. Sowohl traditionelle Anbieter wie Novasol als auch Onlineplattformen wie Airbnb mischen kräftig mit. Die Preise schwanken je nach Saison und Anwesen zwischen normal und astronomisch. Campingplätze sind vorhanden, doch sie gehören nicht zu den wichtigsten Einrichtungen. Die meisten konzentrieren sich an der Südostküste Ibizas.

Verkehrsmittel

Bahnlinien sind auf den Pityusen nicht vorhanden. Auf Ibiza sind alle größeren Orte mit dem Bus erreichbar. Diese fahren in unterschiedlicher Taktung über die Insel (www.ibizabus.com). Die Buslinie 10 verkehrt zwischen dem Hafen von Eivissa und dem Flughafen, Linie 9 fährt vom Airport in Richtung Sant Antoni. Tickets kosten 3,50 Euro und können im Bus erworben werden. Während der Saison fahren diverse Discobusse von den Ferienzentren zu den Großraumdiscos. In Eivissa selbst sollte der Verkehr längst über einen unterirdischen Busbahnhof abgewickelt werden, dieser konnte bislang aufgrund technischer Probleme jedoch nicht in Betrieb genommen werden. Ein Taxi vom Flughafen nach Eivissa kostet zwischen 15 und 20 Euro.

Auf Formentera fahren Busse ab Hafen zu den wichtigsten Stränden sowie zum Leuchtturm La Mola (www.busformentera.com). Die Hin- und Rückfahrt zum weit entfernten Punkt kostet 15 Euro.

Zeitzone

Die Balearen befinden sich in derselben Zeitzone wie Deutschland, Österreich und die Schweiz.

Zoll

Es gelten die Zollbestimmungen der EU. Waren für den persönlichen Gebrauch sind daher zollfrei. Die Ein- und Ausfuhr von Waffen und Drogen ist verboten. ■

Hippie-Nostalgie vor Es Vedrà

Die wichtigsten Wörter für unterwegs

In Spanien wird Spanisch gesprochen, so steht es in der Verfassung. Die Amts- und Regierungssprache ist Kastilisch.

Das Katalanische ist eine eigene romanische Sprache und heute neben Spanisch die Amtssprache der spanischen autonomen Region Balearen. Gesprochen wird Ibizente, ein Dialekt des Katalanischen.
In der nachfolgenden Liste wird erst das katalanische Wort und dann die kastilische Bezeichnung aufgeführt. Bemühen Sie sich um einige, wenn auch vielleicht gestammelte Worte in *catalán,* Sie werden so leicht viele Punkte bei Ihren Gastgebern gewinnen.

¡Bon dia!, eine Mischung aus dem französischen *bon jour* und dem spanischen *buenos días.* Diese Begrüßung wird in Katalonien bis zum Mittagessen, das zwischen 13 und 15 Uhr eingenommen wird, verwendet. Danach sagt man schon *bona tarda* bis zum Sonnenuntergang. Vorm Schlafengehen heisst es dann *bona nit.* Zu jeder Tageszeit können Sie *¿Hola, qué tal?* – Hallo, wie geht's? – verwenden. Geantwortet wird auf diese Frage mit einem einfachen *¡Bien! Y vostè/tu?* – Gut! Und Ihnen/Dir?

Die Spanier sind in der Regel sehr hilfsbereit, freuen sich über ausländische Besucher und fragen interessiert nach deren Herkunft, Familie und dem Grund des Besuches.

Keine Panik, wenn Sie befürchten, zwar eine Frage stellen zu können, die Antwort aber nicht zu verstehen: mit Körpersprache (wie z. B. mit einem Lächeln) kommt man fast immer weiter. Im Übrigen wissen Sie ja: *Sí* heißt ja, *no* nein. Und vergessen Sie nie das obligatorische bitte *si us plau (schisplau)* und sich zu bedanken – *gràcies! (grassje).*

Deutsch	Katalanisch	Kastilisch (Spanisch)
Allgemeines	paraules de cortesia	palabras de cortesia
bitte	*si us plau*	*por favor*
danke	*gràcies*	*gracias*
vielen Dank	*moltes gràcies*	*muchas gracias*
Verzeihung	*perdoni*	*disculpe/perdón*
Wie geht's?	*¿Com anem?*	*¿Como estás?*
Willkommen	*benvingut*	*bienvenido*
Hallo!	*¡Hola!*	*¡Hola!*
Guten Tag (vorm.)	*bon dia*	*buenos días*
Guten Tag (nachm.)	*bona tarda*	*buenas tardes*
Gute Nacht	*bona nit*	*buenas noches*
Tschüss/bis bald	*adéu*	*adiós/hasta luego*
Sprechen Sie deutsch?	*¿Parla vostè alemany?*	*¿Habla alemán?*
Ich heiße ...	*Em dic ...*	*Me llamo ...*
Wie heißt das?	*¿Com es diu això?*	*¿Como se llama esto?*
Ich verstehe nicht.	*No ho entenc.*	*No entiendo.*
Autoverleih	lloguer de cotxes	alquiler de coche
Auto	*cotxe*	*coche*
Ich möchte gern ein Auto mieten.	*Si us plau, voldria un cotxe.*	*Quisiera alquilar un coche.*

unbegrenzte Kilometer	*quilometratge*	*kilometraje*
ein Geländewagen	*un tot terreny*	*un todoterreno*
ein Motorrad	*una moto*	*una moto*
ein Fahrrad	*una bicicleta*	*una bicicleta*
Umleitung	*desviament*	*desvío*
Sackgasse	*carrer sense sortida*	*calle sin salida*
Parken verboten	*prohibit estacionar*	*prohibido aparcar*
Gefahr	*perill*	*peligro*
Zwischenfälle	**incidències**	**incidencias**
Unfall	*accident*	*accidente*
Polizei	*policia*	*policía*
Krankenwagen	*ambulància*	*ambulancia*
Können Sie mir helfen?	*¿Em pot ajudar?*	*¿Me podría ayudar?*
Mir wurde das Auto aufgebrochen.	*M'han obert el cotxe.*	*Me han abierto el coche.*
Mir wurde der Geldbeutel gestohlen.	*M'han pres el moneder.*	*Me han quitado el monedero.*
Mir wurde der Ausweis gestohlen.	*M'han pres la documentacció.*	*Me han quitado la documentación.*
Geben Sie mir bitte Ihren Namen.	*Si us plau, doni'm el seu nom.*	*Por favor, deme su nombre.*
Ihre Versicherungskarte	*la seva assegurança*	*su seguro*
Ihren Führerschein	*el seu permis de conduir*	*su permiso de conducir*
Ihre Ausweispapiere	*la seva documentació*	*su documentación*
Parken, Parkplatz	**aparcament**	**aparcamiento**
Darf man hier parken?	*¿Es pot aparcar aquí?*	*¿Se puede aparcar aquí?*
nach rechts	*a la dreta*	*a la derecha*
nach links	*a l'esquerra*	*a la izquierda*
vor dem Gebäude	*davant de l'edifici*	*delante del edificio*
hinter der Kreuzung	*passat el carrer*	*passada a calle*
Tankstelle	**benzinera**	**gasolinera**
Bitte voll tanken.	*Si us plau, voldria el dipòsit ple.*	*Por favor, quisiera el deposito lleno.*
Benzin (bleifreies)	*benzina (sense plom)*	*gasolina (sin plomo)*
Diesel	*gasoil*	*diesel/gasoil*
Ölwechsel	*canvi d'oli*	*cambio de aceite*
Reifen aufpumpen	*inflar les rodes*	*inflar las ruedas*
Reifen	*pneumàtic*	*neumático*
Autowerkstatt	*taller de cotxes*	*taller de coches*
Hotel, Pension	**hotel, pensió**	**hotel, pensión**
Ich suche ein Zimmer.	*Busco una habitació.*	*Busco una habitación.*
Wieviel kostet das Zimmer pro Nacht?	*¿Quant val l'habitació per nit?*	*¿Cuánto cuesta la habitación por noche?*
Kann ich das Zimmer sehen?	*¿Puc veure l'habitació?*	*¿Podría ver la habitación?*
Hochsaison	*temporada alta*	*temporada alta*
Zwischensaison	*temporada mitja*	*temporada media*
Nebensaison	*temporada baixa*	*temporada baja*
komplettes Bad	*bany complet*	*baño completo*
mit Dusche	*amb dutxa*	*con ducha*
mit Balkon	*amb balcó*	*con balcón*
mit Meerblick	*amb vista al mar*	*con vista al mar*
Safe	*caixa forta*	*caja fuerte*
Zimmertelefon	*telèfon a l'habitació*	*teléfono en la habita*

Klimaanlage	*aire condicionat*	*aire acondicionado*
Heizung	*calefacció*	*calefacción*
Parkplatz	*aparcament*	*aparcamiento*
Schwimmbad	*piscina*	*piscina*
Halbpension	*mitja pensió*	*media pensión*
Vollpension	*pensió completa*	*pensión completa*
Herberge	*alberg*	*albergue*

Telefon, Internet	Telèfon, Internet	Teléfono, Internet
Vorwahl	*prefix*	*prefijo*
SMS	*SMS*	*mensaje*
App	*aplicació*	*aplicación*
SIM-Karte	*targeta SIM*	*tarjeta SIM*
Haben Sie WLAN?	*¿Tens wifi?*	*¿Tiene wifi?*
Ich habe kein Signal.	*No tinc cobertura.*	*No tengo cobertura.*
WLAN-Passwort	*contrasenya de wifi*	*clave wifi*
herunterladen	*descarregar*	*bajar algo*
sich verbinden mit	*connectar-se amb*	*conectarse a*
At-Zeichen (@)	*arrova*	*arroba*

Tourismus	turisme	turismo
Tourist Information	*oficina de turisme*	*oficina de turismo*
Stadtzentrum	*centre ciutat/centre*	*centro de la ciudad/*
Altstadt	*casc antic/barri vell*	*casco antiguo*
Stadtplan	*mapa de la ciutat*	*plano de la ciudad*
Platz	*plaça*	*plaza*
Straße	*carrer*	*calle*
Stadtviertel	*barri*	*barrio*
Rathaus	*ajuntament*	*ayuntamiento*
Kirche	*església*	*iglesia*
Kloster	*monestir*	*monasterio*
Kreuzgang	*claustre*	*claustro*
Kastell	*castell*	*castillo*
Palast	*palau*	*palacio*
Turm	*torre*	*torre*
Gärten	*jardins*	*jardines*
Brücke	*pont*	*puente*
Hafen	*port*	*puerto*
Strand	*platja*	*playa*
Bucht	*badia*	*bahía*
kleine Bucht	*cala*	*cala*
Kap	*cap*	*cabo*
Landspitze	*punta*	*punta*
Aussichtspunkt	*mirador*	*mirador*
Fluss	*riu*	*río*
Insel	*illa*	*isla*
Gebirge	*serra*	*sierra*
Berg	*muntanya*	*montaña*
Pyrenäen	*Pirineu*	*Pirineos*
Tal	*vall*	*valle*
See	*estany, llac*	*lago*
Stausee	*pantà*	*pantano*
Dolmen	*dolmen*	*dolmen*
Naturpark	*Parc Natural*	*Parque Natural*
Heiligtum	*santuari*	*santuario*
Einsiedelei	*ermita*	*ermita*

vorgeschichtliche Höhlenmalereien	*pintures rupestres*	*pinturas rupestres*
Museum	**museu**	**museo**
Werktage	*feiners*	*días laborables*
Öffnungszeiten	*horari*	*horario*
offen	*obert*	*abierto*
geschlossen	*tancat*	*cerrado*
Preis	*preu*	*precio*
geführter Besuch	*visita guiada*	*visita guíada*
Stiftung	*fundació*	*fundación*
Ausstellung	*exposició*	*exposición*
Einkaufen	**comprar**	**comprar**
Was kostet?	*¿Quant val?*	*¿Cuánto vale?*
Wieviel kostet das?	*¿Quant val això?*	*¿Cuánto cuesta esto?*
Wo ist die Kasse?	*¿On és la caixa?*	*¿Donde está la caja?*
Etwas weniger/mehr bitte.	*Una mica menys/més, si us plau.*	*Un poco menos/más, por favor.*
Könnten Sie mir bitte zeigen…?	*¿Si us plau, em podria mostra*	*¿Por favor, me podría mostrar*
Kann ich mit Kreditkarte zahlen?	*¿Puc pagar amb la targeta de crèdit?*	*¿Puedo pagar con la tarjeta de crédito?*
Wollen Sie eine größere/kleinere Größe?	*Voldria una talla més gran/petita?*	*¿Quisiera una talla más grande/pequeña?*
Das ist zu teuer.	*És massa car.*	*Es demasiado caro.*
Farbe	*color*	*color*
Größe	*talla*	*talla*
Ausverkauf	*liquidació*	*liquidación*
Obst	*fruita*	*fruta*
Kilo	*quilo*	*kilo*
Gramm	*grams*	*gramos*
Bank	*banc*	*banco*
Geldautomat	*caixer automàtic*	*cajero automático*
Geschäfte	**botigues**	**tiendas**
Bäckerei	*el forn*	*la panadería*
Konditorei	*la pastisseria*	*la confitería/la pastelería*
Fischgeschäft	*la peixateria*	*la pescadería*
Obstgeschäft	*la fruiteria*	*la frutería*
Fleischerei/Metzgerei	*la cansaladeria/ la tienda de xarcuteria*	*embutidos/carnicería*
Shoppingzentrum	*centre comercial*	*centro comercial*
Post	*correu*	*correos*
Markt	*mercat*	*mercado*
Buchhandlung	*llibreteria*	*librería*
deutsche Zeitungen	*diaris alemanys*	*periódicos alemanes*
Restaurant, Café	**el restaurant, cafeteria**	**el restaurant, cafeteria**
Speiseraum	*menjador*	*comedor*
Könnten Sie bitte einen Tisch für zwei Personen reservieren?	*¿Si us plau, voldria reservar una taula per a dues persones?*	*¿Por favor, quisiera reservar una mesa para dos personas?*
Die Speisekarte, bitte.	*La carta, si us plau.*	*La carta, por favor.*
Ich möchte bezahlen.	*El compte, si us plau.*	*Quería pagar, por favor.*
Es hat uns gut geschmeckt.	*Ens ha agradat molt.*	*Nos ha gustado mucho.*
Wir wollen getrennt zahlen.	*Voldríem pagar per separat.*	*Quisiéramos pagar por separado.*

Mineralwasser mit/ohne Kohlensäure	*aigua mineral amb/sense gas*	*agua mineral con/sin gas*
ein Glas/eine Flasche Wein	*un got/una ampolla de vi*	*un vaso/una botella de vino*
Rotwein	*vi negre*	*vino tinto*
Roséwein	*vi rosat*	*rosado/clarete*
Weißwein	*vi blanc*	*vino blanco*
Bier	*cervesa*	*cerveza*
Sekt	*cava*	*cava*
Orangensaft	*suc de taronja*	*zumo de naranja*
Kaffee	*cafè*	*café*
Milchkaffee	*cafè amb llet*	*café con leche*
Milch	*llet*	*leche*
Zucker	*sucre*	*azúcar*
Salz	*sal*	*sal*
Pfeffer	pebre	pimienta
Appetithäppchen	tapa	tapa
Tellergerichte	plats combinats	platos combinados
Tagesmenü	*menú del dia*	*menú del día*
Brot	*pa*	*pan*
Eier	*ous*	*huevos*
Salat	*amanida*	*ensalada*
Fleisch	*carn*	*carne*
Fisch	*peix*	*pescado*
Meeresfrüchte	*marisc*	*marisco*
Gemüse	*verdures*	*verduras*
Eis	*gelat*	*helado*
Öffentliche Verkehrsmittel	**transport públic** **el vaixell**	**transporte público** **el barco**
Zug	*el tren*	*el tren*
Bahnhof	*l´estació de trens*	*la estación de trenes*
U-Bahnhof	*l'estació de metro*	*l'estación del metro*
Busbahnhof	*l'estació d'autobusos*	*la estación de autobuses*
Bushaltestelle	*la parada de l´autobús*	*la parada del autobús*
Flughafen	l´aeroport	el aeropuerto
Flugzeug	*l´avió*	*el avión*
Hafen	*el port*	*el puerto*
Schiff	*el vaixell*	*el barco*
Ticket	bitllet	billete
Ankunft	*arribada*	*llegada*
Abfahrt	*sortida*	*salida*
Entfernungen	**distàncies**	**distancias**
Wo ist…?	*¿On és…?*	*¿Dónde está…?*
Ist es sehr weit?	*¿Està molt lluny?*	*¿Está muy lejos?*
Ist es ganz nah?	*¿Està molt a prop?*	*¿Está muy cerca?*
Kann man zu Fuss gehen?	*¿Es pot anar a peu?*	*¿Se puede ir a pié?*
Zahlèn	**números**	**números**
1	*u*	*uno*
2	*dos*	*dos*
3	*tres*	*tres*
4	*quatre*	*cuatro*
5	*cinc*	*cinco*
6	*sis*	*seis*
7	*set*	*siete*
8	*vuit*	*ocho*

9	*nou*	*nueve*
10	*deu*	*diez*
11	*onze*	*once*
12	*dotze*	*doce*
13	*tretze*	*trece*
14	*catorze*	*catorce*
15	*quinze*	*quince*
16	*setze*	*dieciséis*
17	*disset*	*diecisiete*
18	*divuit*	*dieciocho*
19	*dinou*	*diecinueve*
20	*vint*	*veinte*
30	*trenta*	*treinta*
50	*cinquanta*	*cincuenta*
100	*cent*	*cien*
200	*doscents*	*doscientos*

Datum, Uhrzeit	dates i hora	fechas y hora
Gestern	*ahir*	*ayer*
Heute	*avui*	*hoy*
Morgen	*demà*	*mañana*
Übermorgen	*demà passat*	*mañana*
Vorgestern	*abans de ahir*	*anteayer*
nächste Woche	*la setmana vinent*	*la próxima semana*
der Morgen	*el matí*	*la mañana*
morgens	*matí*	*por la mañana*
nachmittags/abends	*a la tarda*	*por la tarde*
Wie spät ist es?	*¿Quina hora és?*	*¿Qué hora es?*
Kommen Sie später!	*¡Vingui més tard!*	*¡Venga más tarde!*
Kommen Sie früher!	*¡Vingui més aviat!*	*¡Venga más pronto!*
Montag	*dilluns*	*lunes*
Dienstag	*dimarts*	*martes*
Mittwoch	*dimecres*	*miércoles*
Donnerstag	*dijous*	*jueves*
Freitag	*divendres*	*viernes*
Samstag	*dissabte*	*sábado*
Sonntag	*diumenge*	*domingo*

Jahr	any	año
Januar	*gener*	*enero*
Februar	*febrer*	*febrero*
März	*març*	*marzo*
April	*abril*	*abril*
Mai	*maig*	*mayo*
Juni	*juny*	*junio*
Juli	*juliol*	*julio*
August	*agost*	*agosto*
September	*setembre*	*septiembre*
Oktober	*octubre*	*octubre*
November	*novembre*	*noviembre*
Dezember	*dessembre*	*diciembre*

Feiertage	festius	festivos
Heiligabend	*cap d'any*	*nochevieja*
Silvester	*nadal*	*navidad/nochebuena*
Ostern	*pasqua*	*pascua*
Dorf/Stadtfest	*festa major*	*fiesta mayor* ■

Die **fetten** Seitenzahlen verweisen auf ausführliche Erwähnungen, *kursiv* gesetzte Begriffe bzw. Seitenzahlen beziehen sich auf den Service.

Anreise, Einreise 76
Auskunft 76 f.
Automiete, Autofahren 77 f.

Briefmarken 82

Café del Mar vgl. Sant Antoni de Portmany
Cala Bassa 29 f.
Cala Benirràs 43 f.
Cala d'Albarca 53
Cala d'en Serra 45
Cala d'Hort 30, 33
Cala de Sant Vicent 44 f.
Cala des Jondal 30 f.
Cala Llonga 55
Cala Nova 56
Cala Saona 66
Cala Talamanca 56 f.
Cala Tarida 31
Cala Vadella 31 f.
Cala Xaracca 45
Cala Xuclar 45 f.
Cap de Barbaria 66 f., 73
Cova Foradada 66

Diplomatische Vertretungen 78

Einkaufen 78
Eivissa 5, 9, **10–23**, 65, *76*, *77*, *81*, *82*, *85*
– Baluard de Sant Pere 14
– Baluard de Santa Llúcia 12
– Bora Bora 14, 22
– Carrer Lluís Tur i Palau 10 f.,
– Casa Broner 11 f., 17
– Castell Almudaina 14
– Catedral de Santa Maria de les Neus 14, 17 f.
– Convent de Sant Cristòfol 13
– Dalt Vila 8, 9, 12
– Gran Hotel Montesol 15
– Hafen 10
– Marina de Botafoch 10, 16, 19, *83*
– Mercat Vell 12
– Museu Arqueológic 14, 16
– Museu d'Art Contemporani 12, 16 f.
– Museu Puget 13, 17
– Pacha 21
– Passeig de Vara de Rey 15
– Plaça de Vila 12
– Platja de ses Figueretes 19
– Platja d'en Bossa 14 f., **18 f.**, 42, *82*
– Portal de ses Taules 12
– Puig des Molins 6, 9, 18
– Sa Penya 9, 11, *82*
– Sublimotion **20**, 32, 79
– Torre del Canónigo 14
– Túnel de Soto Fosc 14
– Ushuaïa 15, 22
El Pilar de la Mola 67 f.
Es Canar 56
– Punta Arabí 57
Es Caló de Sant Agustí 67, 68
– Alter Römerweg 67
Es Cubells 32 f.
Es Figueral 46
Es Pujols 68 f.
Essen und Trinken 78 f.
Es Trucadors 72
Es Vedrà 29, 30, **33 f.**, *83*

Far de la Mola 69, *85*
Faro des Moscarter vgl. Portinatx
Feiertage, Feste, Veranstaltungen 79 f.
Formentera 5, 6, 7, 8, 10, **65 ff.**

Geld

Handicap, Hinweise für Menschen mit 80

Ibiza 4 ff., **10–64**, *76 ff.*
Ibosim Brewhouse 40
Illa des Bosc 29
Illa de S'Espalmador 70
Illa de Tagomago 46 f.
Illa Sa Conillera 29, 35
Internet 80

Kinder 81 f.
Klima, Kleidung, Reisezeit 80 f.
Kreditkarten 80

La Savina 70 f.
Las Dalias vgl. Sant Carles de Peralta

Medizinische Versorgung 81

Nachtleben 82
Neptungraswiesen vgl. Posidonia
Notfälle, wichtige Rufnummern 82
Nuestra Señora de Jesús 57 f.

Öffnungszeiten 82

Platja de Llevant 70, 72
Platja de Migjorn 71 f.
Platja d'es Cavallet 24
Platja d'es Codolar 25
Platja de ses Illetes 70, **72 f.**, *82*
Platja de ses Salines 25, *82*
Port de Sant Miquel 47 f.
– Cova de Can Marça 47
– Torre des Molar 48
Port d'es Torrent 41
Portinatx 45, 48 ff.
– Cala de Portinatx 49 f.
– Faro des Moscarter 49
Posidonia 9, 13, **66**, 71
Post 82
Pou des Lleó 46
– Torre d'en Valls 46
Presse 82
Puig d'en Missa vgl. Santa Eulària
Puig des Molins vgl. Eivissa
Punta de Sa Galera 50
Punta des Jondal 24

Rauchen 82

Sa Caleta 13, 26
– El Bol Nou 26
Sa Conillera vgl. Illa Sa Conillera
Sal de Ibiza 27, 28
Salinen vgl. Ses Salines
Sant Agustí des Vedrà 34
Sant Antoni de Portmany 6, 7, 29, **34–40**, *76, 77, 82, 85*
– Alte Wehrkirche 36
– Aquarium Cap Blanc 38
– Café del Mar 29, 35, 38, **39 f.**, 40
– Cala Gració 39
– Caló des Moro 35
– Carrer Ponent 5, 35
– Huevo de Colón 37
– Platja de S'Arenal 37 f.
Sant Carles de Peralta 58 f.
– Las Dalias 57, 58, 59
Santa Agnès de Corona 54
Santa Eulària 55, **60 ff.**, *80, 81, 83, 84*
Santa Gertrudis de Fruitera 55, **64**
Sant Ferran de ses Roques 73 f.
Sant Francesc de s'Estany 5, 26 f.
– Centro de Interpretación Ses Salines 26
Sant Francesc Xavier 74, 76
– Museu de Etnografia de Formentera 74 f.
Sant Joan de Labritja 43, 50 f.
Sant Josep de Sa Talaïa 31, 32, **41 f.**,
Sant Llorenç de Balàfia 51 ff., *84*
Sant Mateu d'Albarca 53
Sant Miquel de Balansat 43, 53 f.
Sant Rafel de sa Creu/Forca 55, 59 f.
Sant Vicent 44, 45
– Can Muson, Ökobauernhof 61 f.
– Kletterwald Acrobosc 63
– Platja de Santa Eulària 62
– Platja des Riu 62
– Riu de Santa Eulària 61
– Wehrkirche Puig d'en Missa 54, 60, **61**
Sa Talaïa 29, **42**
Sa Talaissa 67
Ses Fontanelles 6
Ses Salines 25, 26, 27 f.
– Torre de Ses Portes 28
– Vogelreservat Es Penjats 28
Sicherheit 82
Sport und Erholung 82 ff.
Strom 84

Telefonieren 84
Torre d'en Valls vgl. Pou des Lleó
Tourismussteuer 77
Trinkgeld 84

Unterkünfte 84 f.

Verkehrsmittel 85

Wein 73

Zahlen und Fakten 76
Zeitzone 85
Zoll 85

Alamy/Bildagentur-online Begsteiger: S. 25 o.; Gonzalo Azumendi: S. 34, 70; Greg Balfour Evans: S. 19., 35, 36, 37 o., 41; imageBROKER Barbara Boensch: S. 15 u.; Nadia Isakova: S. 72; parasola.net: S. 18; Sabine Lubenow: S. 30; Tolo Balaguer: S. 6, 55, 63; Vittorio Valletta: S. 39
Can Miguel Guasch, Ibiza: S. 62
Fotolia/maxbaer: S. 64; nito: S. 28 o.; Nora Doa: S. 47; palomadelosrios: S. 8 u.; pkazmiercza: S. 33 o.; Sokarys: S. 38
iStockphoto/58shadows: S. 59; alessandro0770: S. 8 o.; amoklv: S. 32; anandoart: S. 60; Anrodphoto: S. 53; Artesia Wells: S. 21 o., 57; arturbo: S. 19 o.; caracterdesign: S. 66; chelovek: S. 76; Eivaisla: S. 3 o. Mitte, 43, 49; Gim42: S. 12, 14, 16, 45; Jose Lodos Benavente: S. 27 o.; jotapg: S. 27 u., 52; jsorde: S. 56 u.; LdF: S. 67; LUNAMARINA: S. 2 o. r., 3 o.r., 28 u., 50, 54 o., 54 u., 71, 74 u.; Nachosuchjpg: S. 69; Neon Jellyfish: S. 80; Nickvilla92: S. 44; nito100: S. 1, 2 o. l., 5, 11, 56 o.; Otografias: S. 31; palomadelosrios: S. 15 o.; Perszing1982: S. 3 o. l., 33 u.; Starcevic: S. 81; stbaus7: S. 20, 22, 68; theendup: S. 13 u.; tzahiV: S. 21 u.; zstockphotos: S. 29
MACE: S. 17 o.
Ralf Johnen, Köln: S. 2 o. Mitte, 9, 23 o., 23 u., 26, 37 u., 40, 42 o., 42 u., 46, 48, 51, 58, 61, 65, 73, 74 o., 75, 77, 78, 79, 83, 84, 85
Restaurante La Escorella, San Jordi, Ibiza: S. 24, 25 u.
Wikipedia/Jan Manu: S. 17 u.; Jean-Pierre Dalbéra: S. 7 u.; Juan Costa: S. 7 o.; von stavros1: S. 13 o.

Schmutztitel (S. 1): Strandbetten am Platja d'en Bossa
Seite 2/3 (v. l. n. r.): Fischerviertel Sa Penya; Flower-Power-Schild; Häuser in Sant Miquel de Balansat; Cala d'Hort; Kirche Santa Agnès de Corona; Sonnenuntergang am Benirrás Beach

Reihenkonzeption: Andreas Schulz & VISTA POINT-Team
Bildredaktion: Eszter Kalmár
Lektorat: Christina Richter
Layout und Herstellung: Kerstin Hülsebusch-Pfau
Reproduktionen: Noch & Noch, Datteln
Kartographie: Kartographie Huber, München
Druckerei: Colorprint Offset Limited, Unit 1808, 18/F., 8 Commercial Tower, 8 Sun Yip Street, Chai Wan, Hong Kong
VP 10XVIII

ISBN 978-3-95733-057-4

An unsere Leser!
Die Informationen dieses Buches wurden gewissenhaft recherchiert und von der Verlagsredaktion sorgfältig überprüft. Nichtsdestoweniger sind inhaltliche Fehler nicht immer zu vermeiden. Für diese übernimmt der Verlag keine Haftung. Für Ihre Korrekturen und Ergänzungsvorschläge sind wir dankbar.

VISTA POINT Verlag
Rolandsecker Weg 30 · 53619 Rheinbreitbach
Telefon: +49 (0)2224/7795-0 · Fax: +49 (0)2224/7795-100
info@vistapoint.de · www.vistapoint.de · www.facebook.de/vistapoint

Zeichenerklärung

In diesem Reiseführer werden folgende Symbole verwendet:

Information
Museum, Galerie
Sehenswürdigkeit
Wanderung
Aussichtspunkt
Tierpark
Vogelreservat
Aquarium
Hits für Kids
Fest, Veranstaltung, Kino
Restaurant
Café
Kneipe, Brauhaus
Weingut
Bar, Nightlife

Jazzmusik
Livemusik, Disco
Kasino
Einkaufen, Märkte
Hotel
Strand
Pool, Aquapark
Wellness
Sport, Aktivität
Mietauto
Parkplätze
Fahrradverleih, -tour
Bootstour, Fähre
Wassersport

Die im Kapitel Eivissa und unter den »Vista Points« beschriebenen Orte und Sehenswürdigkeiten sind auf der **separaten Karte** mit einem roten Stern (★) gekennzeichnet.

Bei den empfohlenen Restaurants werden Preiskategorien angegeben, die sich jeweils auf ein Hauptgericht ohne Getränke beziehen:

€ – bis 10 Euro
€€ – zwischen 10 und 17,50 Euro
€€€ – zwischen 17,50 und 25 Euro
€€€€ – über 25 Euro